Über den Autor:

Nach jahrzehntelanger Meditationsarbeit ist der Verfasser bis in die überpersönlichen und todlosen Bereiche des Bewusstseins vorgedrungen. Von diesen überpersönlichen Gefilden aus betrachtet und beschreibt er das Drama des Daseins und das von inneren und äußeren Konflikten besäte Leben des Menschen im Besonderen.

Die Bücher des Autors gewähren eine unparteiliche und objektive Draufsicht auf die wesentlichen Dinge des Lebens. Sie propagieren die spirituelle Freiheit des Menschen und zeigen praktische Wege auf, diese auch zu erlangen.

Veerendra H. Bühner

Die ideologische Versklavung des Menschen und seine mögliche Freiheit

***

Die Vision vom wahren Menschen

Impressum:

© 2023 Herbert Bühner

Coverbild: Quelle: https://pixabay.com/de

ISBN: 978-3-7578-0139-7

Herstellung und Verlag: BoD - Books on Demand,
Norderstedt

Inhaltsverzeichnis

Prolog

Der Begriff „Ideologische Versklavung des Menschen" meint, dass der Mensch im Laufe seines Lebens bestimmte Ideologien annimmt oder von seiner Umgebung eingeflößt bekommt und diese sein Leben, Handeln und Sein bestimmen. Dabei ist es vollkommen gleichgültig, ob diese Ideologien von politischer, sozialer, philosophischer oder religiöser Natur sind. Seine Ideologien werden zu seinem Glauben, den er dann mehr oder weniger mit Gewalt zu verteidigen und zu verbreiten sucht. Währenddessen bemerkt er nicht, dass er dadurch seine Unparteilichkeit und damit auch seine Freiheit verloren hat. Er wähnt sich dann trotzdem als ein „freies Wesen" mit einem „freien Willen", während er in Wahrheit lediglich das ausführende Organ einer Ideologie geworden ist und dieser meist ein Leben lang unterjocht bleibt. Sein religiöser Glaube unterscheidet sich dann auch nicht mehr vom Glauben an eine soziale, philosophische oder politische Ideologie; mit der verheerenden Folge, dass er Religiosität missversteht und diese für sozialpolitische Machtinteressen missbraucht.

Wir müssen hier verstehen, dass alle politischen-, staatlichen-, gesellschaftlichen- und alle sozialen Systeme sowie alle Formen des Zusammenlebens und auch alle Religionen ihre eigenen Ideologien besitzen, welche sie für die einzig Richtigen halten. Um die eigene Ideologie aufrechtzuerhalten, zu verteidigen und zu verbreiten, sind ihnen alle Mittel der psychischen oder physischen Gewalt recht.

Während manche versuchen durch diplomatische Bemühungen „feindlichen" Ideologien gegenüber eine Art Scheinfrieden, der jederzeit in sich zusammenbrechen kann, aufrechtzuerhalten, versuchen andere mit brachialer Gewalt ihre eigene Ideologie durchzusetzen und zu verbreiten. Weil all diese Ideologien parteilich sind, gehen aus ihnen unzählige, oft gegensätzliche Ismen hervor. Wir finden Theisten und Atheisten, Hedonisten und Asketisten, Christen, Islamisten, Judaisten, Taoisten, Hinduisten und Buddhisten, Kommunisten, Kapitalisten, Diktatoristen, Dschihadisten, Demokratisten und Terroristen, Pazifisten und Bellizisten, Moralisten, Amoralisten, Altruisten und Egoisten usw. Ihnen allen ist gemein, dass der eigene Ismus immer eine Art „Religion" darstellt, weil er die einzige unumstößliche Wahrheit und der einzige Weg zu einer wie auch immer gearteten „Erlösung" zu sein scheint. Aber damit geht man am Sinn und Zweck jeder wirklichen Religion vorbei. Denn wahre Religion, im Sinne von Rückverbindung zum Ursprung und zur Einheit, führt notwendigerweise über alle gegensätzlichen

Ideologien und Ismen hinaus. In diesem Sinne unterscheidet sich eine wahre Religion von den herkömmlichen Ideologien und Ismen dadurch, dass sie über *alle* Ideologien, einschließlich der eigenen, hinausführt, was letztendlich auch die Freiheit von allen Ideologien und Ismen bedeutet. Wahre Religion führt damit auch jenseits von Theismus und Atheismus, welche lediglich ideologische Glaubens-Konzepte und keine unmittelbare Erkenntnis darstellen.

Wenn wir Religion oder Spiritualität in ihrer wahren und tiefsten Bedeutung verstehen wollen, dann müssen wir vor allem verstehen, dass wahre Religiosität und Spiritualität im tiefsten Inneren des *einzelnen* Menschen stattfinden, nicht aber in Ideologien, in der Masse oder in äußeren Umständen und Ritualen.

Weil Religion eigentlich die Rückverbindung des Menschen zu seinem Ursprung und zur Einheit jenseits der Gegensätze bedeutet, ist damit auch ein innerer Transformationsprozess verbunden, der den Menschen über alle Ideologien und schließlich auch über sich selbst als geteiltes, ungeeintes Wesen hinausführt.

Äußere Umstände sind bei diesem inneren Transformationsprozess nur insofern von Bedeutung, dass sie die Erfüllung der Grundbedürfnisse eines Menschen gewährleisten können. Werden seine Grundbedürfnisse nämlich nicht erfüllt, wird er mehr damit beschäftigt sein, diese zu erfüllen, als dass er sich seiner wahren Religiosität zuwendet, um einen inneren Transformationsprozess anzutreten, der sich gegen seine spirituelle Versklavung durch Ideologien jedweder Art richtet. Eine Versklavung, die er oft gar nicht als solche erkennt.

Man mag sich hier fragen, wie es wohl möglich ist, dass es ja auch viele Menschen gibt, deren Wohlstand weit über die Erfüllung ihrer Grundbedürfnisse hinausgeht, die aber trotzdem nicht die geringste Anstrengung unternehmen, eine Art inneren Kampf gegen ihre ideologische Versklavung zu führen, sondern sich weiter der Illusion hingeben, sie seien „frei Wesen" mit einem „freien Willen" und sich immer wieder in äußeren Intrigen und Streitigkeiten bis hin zu großen Kriegen verzetteln?

Der Grund dafür scheint darin zu liegen, dass sie sich ihrer wirklichen Situation nicht bewusst sind und ihre ideologische Versklavung nicht als solche erkennen. Vielmehr wähnen sie sich als „freie Wesen", deren Freiheit und Glück einzig und alleine von der Größe ihres äußeren Wohlstands und den äußeren Umständen abhängig sei.

Warum sollten sie denn dann auch nach Freiheit streben, wenn sie glauben, sie würden diese bereits besitzen?

Ein Mensch muss zuerst erkennen, dass er Sklave seiner Ideologien und Konditionierungen ist, dass er seinen Prägungen und seinen meist anerzogenen Meinungen und Verhaltensweisen verknechtet ist, bevor er sich einem inneren Transformationsprozess unterziehen kann, der ihn von seinem spirituellen Sklaventum in seinen Ideologien befreit. Er muss also erst aus seinem metaphysischen Schlaf erwachen und seine wirkliche Lage erkennen.

Allein diese Erkenntnis kann in ihm ein heiliges Unwohlsein hervorrufen, das ihn schließlich zum Handeln drängen wird.

Solange der Mensch diese Einsichten nicht gewinnt, wird sein Kampf gegen Unterdrückung, Knechtschaft und Sklaverei, der eigentlich zuerst in seinem Inneren und auf einer spirituellen Ebene stattfinden sollte, zum Politikum und nach außen verlagert, was letztendlich zu den verheerenden Folgen führt, wie wir sie im aktuellen Weltgeschehen beobachten können: Machthunger, Gier, Gewalt, Krieg und Terror beherrschen das Geschehen. „Demokratien", Diktaturen, politische und „religiöse" Ideologien jedweder Art, versuchen durch Gewalt ihre Macht zu festigen und sie zu erweitern. Sie fügen ganzen Völkern über mehrere Generationen hinweg unnötiges und sinnloses Leid zu, stürzen sie in Not und Elend der grausamsten Art. Im Glauben an ihre Ideologien geschieht dies alles unter dem Deckmantel des „Heiligen" und „Guten". Sie rechtfertigen all ihre Taten und Gräueltaten, indem sie diese direkt oder indirekt als „heilig", „notwendig" oder „gut" bezeichnen. Dabei sehen sie nicht, dass das Wort heilig so viel wie Heil-, Vollständig- oder Ganz Sein bedeutet und sie durch ihre Ideologien, ihre Kriege und Gräueltaten genau das Gegenteil bewirken – nämlich Unheil, Zerstörung, Spaltung, Zersplitterung, Elend und Not.

Auf die tieferen Gründe, warum der Mensch solche Taten ohne den geringsten Gewissensbiss begehen kann, werden wir später noch näher eingehen.

Jedenfalls können wir davon ausgehen, dass sich die inneren Erlebensräume des Menschen, das heißt seine innere Unruhe, Unzufriedenheit und Uneinigkeit, auch im äußeren Geschehen widerspiegeln. Und das bedeutet auch, dass sich das desolate und schreckenerregende Weltgeschehen erst dann ändern kann, wenn sich der Mensch selbst und seine inneren Erlebensräume ändern. Umgekehrt ist das aber nicht der Fall: Er kann in den günstigsten äußeren Bedingungen leben und wird, solange er nicht aktiv an seinen inneren Gegebenheiten arbeitet, doch das gleiche primitive, gierige, wenn nicht blutrünstige Wesen bleiben und seine günstigen äußeren Bedingungen nach und nach entsprechend seiner misslichen inneren Lage umgestalten.

Solche Tatsachen lassen darauf schließen, dass der Mensch unbemerkt und *unfreiwillig* seinen angenommenen Ideologien folgt, aber sein wahres Menschsein und seine damit verbundene mögliche Freiheit noch nicht erlangt hat und er diese nur durch einen inneren Transformationsprozess, durch einen inneren, spirituellen Widerstand gegen seine ideologischen Versklavungen erlangen kann.

Dieser *innere*, spirituelle Widerstand ist der wahre „Kreuzzug", der wahre „Heilige Krieg". Denn die Transformation und die Freiheit des Menschen können weder durch äußeren Zwang und Gewalt, noch durch Furcht vor Strafe oder blinden Glauben erlangt werden. Der Mensch muss sich also aus eigener Initiative auf den Weg machen, weshalb wir in diesem Buch das Hauptaugenmerk auf den inneren, spirituellen Transformationsprozess des Menschen legen werden.
Des Weiteren werden sowohl Themen der Kosmologie, der Religion, der Philosophie, der

Religionsphilosophie, der spirituellen Psychologie, der Biologie und Themen des menschlichen Daseins mit seinem Ach und Wehe usw., als auch praktische Wege und Methoden zur spirituellen Befreiung des Menschen eine Rolle spielen.

Wir müssen nämlich einen weiten Rahmen fassen, der bis in die überpersönlichen Gefilde des menschlichen Bewusstseins und bis in die kosmologischen Zusammenhänge seines Daseins reicht, um zu verstehen, warum der Mensch einen inneren, spirituellen Widerstand gegen seine Ideologien leisten sollte oder auch leisten muss, wenn er wirklich Mensch sein und frei werden will, um so auch das Drama des aktuell furchterregenden, von Not, Terror, Gewalt, Krieg und Elend geprägten Weltgeschehens zu einem Besseren wenden zu können. Denn die äußerlich beschlossenen, sogenannten „Friedensabkommen" halten, wenn überhaupt, nur kurzfristig. Und die Friedensermahnungen von Politikern, Religionsführern und anderen „Wohlwollenden", die den Kriegsparteien vielleicht sogar die Waffen liefern, erweisen sich als vollkommen wirkungslos oder als „Tropfen auf dem heißen Stein".

Wenn wir zu der Einsicht gelangt sind, dass der Mensch seine ideologische Weltsicht und vor allem sich selbst ändern muss, damit auch eine Veränderung seiner misslichen Lage innerhalb des Weltgeschehens möglich wird, müssen wir uns auch mit praktischen Methoden und Strategien befassen, wie der innere Transformationsprozess des Menschen angestoßen werden kann. Wir müssen wissen, gegen wen oder was sich sein innerer Kampf richten muss und vor allem von wem oder was und wie er ausgeführt werden soll.

Und weil es bei diesem inneren Transformationsprozess nicht nur um die spirituelle Freiheit und um die Erlösung des einzelnen Individuums geht, sondern auch um ein objektives Weltverständnis und Verständnis des menschlichen Daseins, richtet sich dieses Buch nicht nur an einzelne, freiheitsuchende Individuen, sondern auch an alle -Isten dieser Welt, die ihre eigene Ideologie für die einzig richtige halten.

Obwohl der Schwerpunkt des vorliegenden Buches auf dem inneren Widerstand oder einem spirituellen Transformationsprozess zur Befreiung des Menschen liegen wird, werden wir uns zum Zweck eines besseren Weltverständnisses trotzdem auch mit den Hintergründen sowie der Sinn- oder Sinnlosigkeit äußerer, auf Ideologien beruhenden Widerstandsbewegungen und Kriege beschäftigen. Denn wenn wir die Welt besser verstehen wollen, müssen wir auch verstehen, wie das Leben und der Mensch aufgebaut sind und wie sie innerhalb kosmologischer Zusammenhänge funktionieren. Wir müssen verstehen, was die natürlichen und die spirituellen Aufgaben des Menschen im größeren Umfeld seines Daseins und in größeren Zusammenhängen sind.

Sicherlich werden wir nicht alle Fragen, die diese Themen betreffen, erschöpfend beantworten können, aber wir werden genügend Materialien sammeln können, um zu verstehen, was wir tun können und wie wir es tun können. Vorausgesetzt natürlich, der Leser lässt das Gelesene bis in die tieferen Schichten seines Seins vordringen. Das heißt, er muss es richtig lesen, indem er während des Lesens bewusst in seinem Inneren einen leeren Raum bewahrt, der das Gelesene aufnehmen kann. Ansonsten wird es ihn nur bruchstückhaft erreichen, während der größte Teil davon in seinen halbbewussten, intellektuellen und emotionalen Assoziationsmustern „Auf nie mehr Wiedersehen" versiegt.

Natürlich ist dieses Buch auch auf einer Ideologie aufgebaut. Es ist aber eine Ideologie, die sich am Ende selbst auflösen kann, die über jeden Theismus, Atheismus und alle anderen Ismen oder Ideologien und schließlich auch über sich selbst hinausführt. Und wenn der Leser dieser Ideologie bis zum Ende folgt, wird sie ihn schließlich auch über sich selbst hinaus zu seinem wahren Sein jenseits aller Ideologien und Dichotomien führen.

Ideologische Versklavung und Religion

Wenn wir über die ideologische Versklavung des Menschen sprechen, kommen wir nicht daran vorbei, auch über Religion und Glauben zu sprechen. Denn über Jahrtausende wurden sogenannte „Religionen", Glaube und Aberglaube, von Machthabern sowie von religiösen und politischen Führern dazu benutzt, den Menschen ideologisch zu konditionieren, ihn zu versklaven und für die eigenen Machtinteressen dienstbar zu machen.

Im Folgenden müssen wir daher auch über die Entstehung von echter und wahrer Religion oder Religiosität, die letztendlich die Befreiung des Menschen von seinem Joch zum Ziel hat, als auch von deren ideologischen Verfälschung zur Pseudoreligion und Pseudoreligiosität sprechen.

Zur Entstehung ursprünglicher und echter Religiosität kann folgendes gesagt werden:

Innerhalb eines gigantischen, unermesslichen Kosmos, in einem entlegenen Winkel, weit entfernt vom Zentrum unserer Galaxie, ist unser Sonnensystem entstanden. Und innerhalb dieses Sonnensystems hat sich auf einem Planeten, den wir „Erde" nennen, eine Stufenleiter von Organismen gebildet. Auf den obersten Stufen dieser Stufenleiter sind Organismen entstanden, die wir als „Menschen" bezeichnen. Und in diesen menschlichen Organismen ist etwas entstanden oder erwacht, das wir „Bewusstsein" nennen – ein Etwas, das sich sowohl seiner Umgebung, als auch seiner selbst bewusstwerden kann.

Weil dieses Etwas innerhalb eines Organismus erwacht, der von anderen Dingen und Organismen abgegrenzt scheint, gleichzeitig aber von äußeren Umständen und anderen Organismen abhängig ist, erfährt es ein gewisses Unterworfensein und ein Ausgeliefertsein an übergeordnete Gegebenheiten, Umstände und Gesetzmäßigkeiten, auf die es keinen Einfluss hat. Es erfährt sich sozusagen als ein winziges, unbedeutendes Fragment und als ein Etwas, das vom großen Ganzen oder von seinem Urgrund abgetrennt ist. Es weiß weder, woher es kommt, noch wohin es geht.

Daneben erkennt oder erahnt dieses Bewusstsein aber auch instinktiv, dass alles mit allem zusammenhängt und in seinem Zusammenfunktionieren organisch miteinander verbunden und voneinander abhängig ist.

Wenn es tiefer in diese Ahnung oder Erkenntnis eindringt, kann es erkennen, dass sich größere kosmische Einheiten in den kleineren und die kleineren wiederum in noch kleinere widerspiegeln: Myriaden von Galaxien bilden die einzelnen Organismen unseres

Universums, Myriaden von Sonnen und Planetensysteme bilden die einzelnen Organismen einzelner Galaxien und unserer Milchstraße. Ebenso bilden Myriaden von Organismen das organische Leben auf unserem Planeten und Myriaden von einzelnen Mikroorganismen oder Zellen bilden die einzelnen pflanzlichen, tierischen und menschlichen Organismen, während Myriaden von Molekülen und Atomen die einzelnen Zellen dieser Organismen bilden.

Unser Planet befindet sich in einem gewissen Abstand zu unserer Sonne, sodass ideale Bedingungen für die Entstehung von Organismen, wie wir sie kennen, gegeben sind. Unsere Pflanzenwelt ist so organisiert, dass durch Photosynthese energiereiche organische Stoffe und der für höhere Organismen notwendige Sauerstoff entstehen. Die Minerale des Erdreichs und die durch Photosynthese entstandenen Stoffe dienen der Pflanzenwelt als Nahrung, die Pflanzenwelt wiederum nährt die Tier- und Menschenwelt usw. Hier stellt sich natürlich auch die Frage, wem oder wozu wohl der Mensch dient?

Alles ist funktionell aufeinander aufgebaut und hängt wie in einem einzigen, riesengroßen Organismus zusammen.

Daher können wir unseren Planeten als einen riesigen Organismus mit verschiedenen Organen begreifen, wobei die Meere, das Erdreich, die Pflanzenwelt, die Tierwelt und die Menschenwelt jeweils als Organe mit spezifischen Aufgaben funktionieren.

Wir können also die gesamte Menschheit als ein einzelnes Organ innerhalb des Organismus unseres Planeten verstehen. Und den einzelnen Menschen können wir als einzelne Zelle dieses Organs Menschheit verstehen. Und so wie jede einzelne Zelle im Zellverband eines Organs in unserem Körper bestimmte organspezifische Aufgaben erfüllen muss, so muss auch der einzelne Mensch menschenspezifische Aufgaben innerhalb des Organs Menschheit als auch innerhalb des Gesamtorganismusses unseres Planeten erfüllen.

Das heißt, der Mensch ist mit seinen artspezifischen Fähigkeiten, Funktionen und Eigenschaften in ein größeres Ganzes eingeflochten, aber er unterliegt dadurch gleichzeitig auch Beschränkungen.

Aufgrund seiner Beschränkungen und Abgrenzungen sowie dem in ihm anwesenden, reflektierenden Bewusstsein erahnt oder erkennt er, dass er unvollständig ist und dass er höheren Gewalten und Gesetzmäßigkeiten unterworfen ist.

Gleichzeitig erahnt oder erkennt er auch, dass da in dieser unermesslichen Existenz eine intelligente Kraft, ein intelligentes Etwas webt und wirkt, ein Etwas, das größer, mächtiger, unermesslicher und unergründlicher ist als er selbst. Und weil alles mit allem organisch zusammenhängt, nimmt er diese unergründliche, intelligente Kraft auch als seinen Urgrund oder Ursprung an, zu dem er sich aufgrund seiner Unvollständigkeit und seinem Abgetrennt Sein vom Großen und Ganzen zurücksehnt.

Aus dieser Sehnsucht entsteht die Rastlosigkeit des Menschen. Sein elementarer Drang zu forschen, zu schaffen, sich zu verbünden, sein Hang zum anderen Geschlecht, sein erbitterter Drang nach Expansion, Macht und Reichtum, mit den oft verheerenden Folgen der Ausbeutung, des Krieges und der Vernichtung seiner eigenen Art, usw., entstehen alle aus dieser Sehnsucht.

Aber auf der anderen Seite entstehen aus dieser Sehnsucht nach Ganzheit und Rückverbindung zu seinem Urgrund auch die Religiosität und die Religionen des Menschen.

Der primitive Geist sucht durch Äußerlichkeiten wie Opfergaben, Rituale, blinden Glauben und Aberglauben aber auch durch Gewalt, Terror und Krieg, usw., die gefühlte höhere Macht oder Gewalt zu besänftigen und wohlzustimmen, während der höher entwickelte Geist in seinem Inneren das reine, ungebundene Bewusstsein zu erlangen sucht, um schließlich vollständig in seinen Urgrund eingehen zu können.

Wenn wir diese Tatschen in Betracht ziehen und auf das aktuelle Weltgeschehen blicken, dann sehen wir, dass der Geist des Menschen, trotz aller „Bildung" und seinem technischen „Fortschritt", noch sehr primitiv und unterentwickelt geblieben ist.

Einzelne Individuen, die eine innere Rückverbindung zu ihrem Urgrund erlangt haben, können dann wirkliche und wahre Religionsstifter werden, indem sie Wege aufzeigen und vermitteln, wie eine solche Rückverbindung zum Urgrund erlangt werden kann. Ob wir diesen Urgrund „Gott", „Brahma", „Tao", „ursprüngliches Bewusstsein", „Nirwana" oder, weil wir ihn nicht begreifen können, einfach „Leere" nennen ist vollkommen gleichgültig. Es wird immer das gleiche Unergründliche und Eine bleiben, das jenseits allen Glaubens und Unglaubens, und jenseits aller Gegensätze steht.

Religionen sind in erster Linie Mittel und Wege zur Rückverbindung des Menschen zu seinem Ursprung. Ist diese Rückverbindung erst einmal gelungen, wird auch die Religion und die damit verbundene Ideologie überflüssig. Wenn ein Werkzeug seinen Zweck erfüllt hat, kann es beiseitegelegt werden. Daher wird der wirklich religiöse Mensch letztendlich religionslos sein. Er wird weder einen Glauben noch einen Unglauben brauchen. Sobald er zum großen Ganzen geworden ist, wird er weder ein Theist noch ein Atheist sein. Er wird keinem Ismus und keiner Ideologie jedweder Art anhängen, und deshalb wird er friedfertig sein.

Das Problem aber liegt darin, dass die meisten Menschen schon in eine „Religion" oder Ideologie hineingeboren werden und ihnen mit dieser „Religion" oder Ideologie der Kopf „gewaschen" wird. Das heißt, die entsprechende „Religion" oder Ideologie wird ihnen schon von frühester Kindheit an eingetrichtert, ohne dass sie wirklich verstehen, worum es überhaupt geht. Es wird ihnen mit der „Strafe Gottes" oder Ähnlichem gedroht, wenn sie diesem „Glauben" oder dieser Ideologie zuwiderhandeln, und es wird ihnen das „Paradies" oder der „Himmel" versprochen, wenn sie Folge leisten. Ihre sogenannte „Religion" oder Ideologie wird dann zu einem konditionierten Reflex, den sie für ihren „wahren Glauben" oder für die einzig gültige Wahrheit halten, welche sie, gemäß ihrem elementaren Expansionsdrang und ihrem Streben nach Macht, durch Missionsarbeit oder sogar durch Gewalt und Kriege Andersgläubigen und Andersdenkenden aufzudrängen versuchen.

Nebenbei sei hier bemerkt, dass unsere politischen Systeme und Ideologien, seien es diktatorische, demokratische oder kommunistische, dem in keinster Weise nachstehen. Auch sie konditionieren ihre Kinder und Bürger. Der einzige Unterschied zu den „Religionen" besteht darin, dass ihr „Paradies" in der „idealen" Staats- und Regierungsform liegt, für die auch sie über Leichen gehen.

Wahre Religion aber, das heißt die Rückverbindung zu unserem Ursprung oder Urgrund, kann nur im einzelnen Individuum, in unserem tiefsten Inneren stattfinden, indem wir als ein von unserem Urgrund abgetrenntes „Ich" sterben. Nicht aber, wie manche irrsinnigerweise glauben, indem sie Andersdenkende durch Bedrohung und Gewalt zu bekehren suchen oder sie sogar vernichten. In diesem Fall wird nämlich die religionspsychologisch gesetzmäßige Tatsache, dass wir als „Ich" sterben müssen, um zu unserem Urgrund zurückkehren zu können, missverstanden und nach außen verlagert. Dann müssen Andere anstelle des eigenen „Ich's" sterben, weil sie das vermeintliche Hindernis für die erstrebte Rückverbindung zum Urgrund sind.

Solche und andere Tatsachen, die mit „Religion" verknüpft sind, entsprechen eher einem mittelalterlichen Aberglauben, als dass sie in die heutige Zeit des „aufgeklärten Menschen" passen.

Weil ausnahmslos in allen Religionen auch Regeln für

das alltägliche Leben und Zusammenleben festge-
schrieben sind, sollten diese Regeln eigentlich den Gegebenheiten der Zeit anpasst werden, sobald sie nicht
mehr zeitgemäß sind. Stattdessen aber hält man über
Jahrtausende militant an solche Regeln fest, obwohl
sie für eine Rückverbindung zu unserem Urgrund vollkommen irrelevant sind. Es sind einfach Regeln für das
Leben und das Zusammenleben, welche zu einer bestimmten Zeit, in einem bestimmten Kontext und in einer bestimmten Kultur ihren Sinn und Zweck haben
mögen. Aber Zeiten, Kontexte und Kulturen ändern
sich.

In manchen Gruppierungen gilt zum Beispiel für
Frauen die zwanghafte Pflicht, eine Burka zu tragen.
Ob die Frau eine solche trägt oder nicht, wird sicherlich keinen Einfluss auf ihre Rückverbindung mit dem
Urgrund haben. Nicht die Burka, sondern ihre innerste
Gesinnung wird das Entscheidende sein. Hinter dem
Tragen müssen einer Burka stehen wahrscheinlich e-
her Gründe von Besitzansprüchen des Mannes und die
Furcht vor sexuellem Begehren, welches einen Mann
wohl auf „dumme Gedanken" bringen und das altein-
gesessene Sozialleben stören könnte. Nichtsdestotrotz können aber solche einschränkenden Maßnahmen wie das Tragen einer Burka, das Einhalten von Regeln, das Fasten, der Verzicht auf Fleisch oder andere

Entsagungen für den einzelnen Menschen eine Hilfe sein, um *bewusst* und *absichtlich* eine innere Reibung, das heißt, einen inneren Widerstand zu erzeugen, der freies Bewusstsein auf den Plan ruft. Dem ist aber nur dann so, wenn solche einschränkenden Maßnahmen nicht gezwungenermaßen oder aus traditioneller Gewohnheit erfolgen, sondern sich selbst *bewusst* und *absichtlich* auferlegt werden. Denn wahre Religiosität kann nur in Freiheit gedeihen. Nicht zwanghaft aufgedrängte oder konditionierte Verhaltensregeln machen einen Menschen religiös, sondern bewusste und eigene Einsichten.

Ob jemand eine Burka trägt oder nicht, ob jemand Schweinefleisch isst oder nicht, ob jemand überhaupt Fleisch isst oder nicht, ob jemand raucht oder nicht, ob jemand Alkohol trinkt oder nicht, usw., ist objektiv gesehen für die Rückverbindung zum Urgrund vollkommen bedeutungslos und sollte jedem Einzelnen selbst überlassen bleiben.

Viel schlimmer aber als solche unbedeutenden und zwanghaften Regeln ist das, was zum Beispiel die Vertreter der katholischen Kirche tun, wenn sie versuchen in einer überbevölkerten Welt notleidenden Völkern der Dritten Welt Verhütungsmaßnahmen zu verbieten, obwohl es offensichtlich ist, dass ein Bevölkerungszuwachs in diesen Gebieten die Not und das

Elend nur noch vergrößern und verschlimmern. Und das nur deshalb, weil in irgendeiner „Heiligen Schrift" die Worte „Seid fruchtbar und mehret euch!" stehen. Oder: wenn andere militante Religionsfanatiker durch sogenannte „Heilige Kriege" und Terror ihre Mitmenschen in Not und Elend stürzen oder vernichten.

Jedenfalls scheinen die etablierten „Religionen" ebenso wie die Politik einem elementaren Expansionsdrang sowie dem Drang nach größerer Macht zu unterliegen. Religionen werden somit eher zu politischen, repressiven Systemen, die mehr oder weniger nationalistisch diktatorischen Staaten gleichen. Vielleicht ist das auch der Grund, warum sie dem Menschen nicht die wahre Religion der inneren Rückverbindung zu seinem Urgrund lehren, sondern mehr Gewicht auf blinden Glauben, Gehorsam und Gebet legen. Wohl wissend, dass der wahre religiöse Mensch keine Kirchen, keine Moscheen, keine Synagogen und auch keine Tempel brauchen wird. Die Existenz und sein innerstes Sein werden seine Kirche, seine Moschee, seine Synagoge und sein Tempel sein.

Der wahre religiöse Mensch wird mit sich im reinen sein und wissen, dass sein Unerfüllt Sein durch die Abspaltung von seinem Urgrund zustande gekommen ist und die Verantwortung dafür wird er nicht bei anderen Menschen suchen. Deshalb wird er sich auch nicht in das Leben anderer einmischen, sondern den Weg zurück zu seinem Ursprung in sich selbst suchen. Und wenn er den Weg gefunden hat, wird er erfüllt sein. Welchen Grund sollte er dann noch haben, andere auszubeuten, seine Macht zu vergrößern, Kriege zu führen und seinesgleichen zu vernichten oder in Not und Elend zu stürzen?

Nur der unerfüllte, notleidende Mensch, der die Ursache seiner Not alleine in den äußeren Umständen sucht und bekämpft, kann Gräueltaten begehen.

Der Mensch muss *umkehren* und sich nach innen wenden, wenn er das oft grauenvolle Weltgeschehen ändern will. Aber das geht nicht plötzlich von heute auf morgen. Es geht nur nach und nach. Die Verstrickungen des Menschen in seinen Ideologien, in Gier, Machthunger, Rachsucht, Krieg, Überbevölkerung und Notleiden sind viel zu groß, als dass es einen schnellen Ausstieg aus diesem Geschehen geben könnte, ohne dass noch viele in bitterster Not und Elend ausharren müssen oder auch vernichtet werden.

Als Einzelne sind wir diesem Geschehen, dieser Maschinerie, dieser Fabrik des Leidens hilflos ausgeliefert. Das Einzige, was wir in dieser Situation tun können, ist bei uns selbst anzufangen und uns auf unser innerstes Wesen zu besinnen. Hoffend, dass nach und nach immer mehr Menschen und auch die Mächtigen dieser Welt zur Vernunft kommen und sich den wesentlicheren Dingen des Lebens zuwenden, anstatt blind den Sinn ihres Daseins in der Befriedigung ihrer Gier, ihres Machtstrebens und in der Vernichtung ihrer Mitmenschen zu suchen, währenddessen sie vergessen, dass auch *sie* Vorübergehende sind.

Auf der einen Seite hat der Mensch Zivilisationen, Kulturen, wissenschaftlichen und technischen Fortschritt geschaffen, während er auf der anderen Seite ein Tier oder sogar eine Bestie geblieben ist. Er kann zum Mond fliegen, Satelliten ins All und zu entfernten Planeten schicken, er kann Milliarden Lichtjahre entfernte Objekte beobachten, kann die Materie bis in ihre kleinsten Einheiten aufschlüsseln, kann genetische Codes lesen, usw., usw.…, aber seine Bestialität bekommt er nicht in den Griff. Vielmehr bestimmt *diese* oft sein Forschen und Schaffen, indem er hochtechnologisch ausgeklügelte Waffensysteme entwickelt, um seinesgleichen immer effizienter vernichten zu können, und all das, während er zu einem „gütigen Gott" betet, dabei aber nicht bemerkt, dass Gier und Machthunger zu seinem wahren Gott geworden sind. Abschließend zu diesem Kapitel sollen noch einige Worte über den Begriff „Glauben", wie er in der deutschen Sprache und in Verbindung mit Religion verwendet wird, gesagt sein:

„Glauben heißt nicht wissen!" lautet ein Sprichwort, und das stimmt auch. Wenn wir zum Beispiel sagen: „Ich glaube an ein Weiterleben nach dem Tod", „Ich glaube, nach dem Tod ist alles vorbei" oder „Ich glaube an Gott", „Ich glaube, es gibt keinen Gott", „Ich glaube, was in den heiligen Schriften steht" usw., dann sind das lediglich Vermutungen. Aber es ist kein überprüfbares Wissen.

Wahrer religiöser Glauben muss eine andere Bedeutung als „Vermuten" haben. Denn das Wort „Glauben" impliziert immer etwas Unwägbares, etwas Unbestimmtes, etwas worauf man sich nicht verlassen kann, während der wirklich religiöse Glauben genau das Gegenteil meint, nämlich ein sich verlassen können, ein sich auf etwas verlassen können. Und zwar im wahrsten Sinne des Wortes: Es bedeutet die Anwesenheit einer Instanz aufgrund deren wir uns selbst, das heißt, unser „Ich", unser Ego, unsere Ideologien oder das, was wir zu sein glauben, *verlassen* können.

Wenn jemand diese Instanz, die wir nur in unserem tiefsten Inneren finden können, besitzt, dann kann er sich selbst *verlassen*, dann ist er wirklich religiös. Ob wir diese Instanz „Gott", „Urgrund", „ursprüngliches Bewusstsein" oder sonst wie nennen ist vollkommen gleichgültig. Wenn beispielsweise ein Atheist eine solche Instanz besitzt, aufgrund deren er *sich selbst verlassen* kann, dann wird er religiöser als mancher „Gläubige" sein, der diese Instanz nicht besitzt.

Weil sich diese religiöse Instanz im tiefsten Inneren des Menschen befindet, aber der Mensch von Natur her nach außen gerichtet ist, inszenieren echte Religionsstifter oder Lehrer manchmal eine Art Meister - Jünger Spiel, wobei der Meister, Sheikh oder Guru stellvertretend für diese Instanz von außen agiert und von seinen Schülern oder Jüngern manchmal Vertrauen, Hingabe oder auch Gehorsam verlangt, wodurch der Schüler im Idealfall sein Ego und seine Konditionierungen überwinden kann.

Ein „gefährliches Spiel" mögen manche einwenden. Aber ein *echter* Meister dieser Art wird seine Schüler niemals von sich abhängig machen. Vielmehr wird er – und das ist das Kennzeichen eines echten Meisters – den Schüler immer wieder auf sich selbst zurückwerfen. Und wenn sich die religiöse Instanz, für die der Meister stellvertretend agiert, im Schüler etabliert hat, wird sich der Meister zurückziehen und den Schüler seinen eigenen Weg gehen lassen.

Der Schüler *verlässt sich* zuerst auf oder für den Meister und anschließend auf seine innerste religiöse Instanz, den eigentlichen Herrn oder Meister. Es ist eine

Variante des spirituellen Transformationsprozesses des Menschen – ein tiefgreifender Prozess, tiefer als irgendein oberflächlicher, ja oft blinder „religiöser Glaube".

Leider wird dieser Prozess aber auch allzu oft von selbst ernannten „Religiösen" missbraucht, um ihre Anhänger zu konditionieren, zu rekrutieren und sie für ihre Eigeninteressen dienstbar zumachen.

Freiheit und freier Wille

„Freiheit ist das höchste Gut" lautet ein Sprichwort. Aber was meinen wir denn, wenn wir von Freiheit sprechen?

Für Manche bedeutet Freiheit, die eigene Ideologie gegen andere Ideologien durchzusetzen, für Manche, tun und lassen zu können, was ihnen gerade in den Sinn kommt, und für Manche bedeutet Freiheit auch, nicht im Gefängnis sitzen zu müssen, usw. Aber alle Freiheiten dieser Art sind objektiv gesehen sekundäre Freiheiten, weil sie auf primären Unfreiheiten beruhen, die von den meisten Menschen gar nicht als solche bemerkt oder erkannt werden. Zu diesen primären Unfreiheiten gehören beispielsweise das Gebunden Sein an den physischen Organismus mit seinen Trieben und Instinkten oder auch die Besessenheit durch psychische Inhalte wie Vorlieben und Abneigungen, Konditionierungen, Verhaltensmustern, Ideologien, Meinungen und Ideen usw., die der Mensch für seine eigenen hält. Weil er all diese Dinge für seine eigenen oder gar für sich selbst hält, glaubt er sie zu besitzen und bemerkt nicht, dass er von ihnen besessen wird, dass er ihnen unterjocht ist und dass sie sein gesamtes Leben steuern. Deshalb strebt er lediglich nach sekundären Freiheiten, die ihn, wenn er

sie erlangt, meist nur kurzfristig zufriedenstellen können. Denn aufgrund seiner primären Unfreiheiten
wird er immer wieder bestrebt sein, eine andere und
neue sekundäre Freiheit zu erlangen. Auf diese Weise
kann ein Mensch sein gesamtes Leben damit verbringen, einer sekundären Freiheit nach der anderen nach-
zujagen, ohne wirklich frei zu sein.

Wirklich frei sein kann der Mensch nur dann, wenn er
sich von seinen primären Unfreiheiten befreit und so
seine primäre Freiheit erlangt. Dies kann entweder
durch seinen psychophysischen Tod geschehen, oder
im Laufe seines Lebens durch einen inneren Transformationsprozess, der sein Bewusstsein aus seinen
psychophysischen Gegebenheiten, das heißt, aus seinem physischen Organismus, seinem Handeln, seinem
Fühlen und seinem Denken herauslöst. Oder anders
ausgedrückt: durch einen Transformationsprozess,
der sein Bewusstsein von diesen Dingen erlöst, was in
gewisser Weise auch bedeutet, als das, was er ist, zu
sterben bevor er stirbt.

Im Wesentlichen bedeutet primäre Freiheit, von
nichts besessen zu sein, oder unbesetzt zu sein, wie
etwa ein Stuhl, der nicht besetzt ist. Wenn wir dieses
Beispiel auf das Bewusstsein, welches das wahre Wesen des Menschen ausmacht, anwenden, dann bedeutet wahre oder primäre Freiheit, im unbesetzten,

leeren und formlosen Bewusstsein weilen zu können, während der psychophysische Organismus und die Dinge in seiner Umgebung ihren Gang gehen, ohne dass das Bewusstsein damit identifiziert ist.

Solange der Mensch mit seinem Organismus, seinen Trieben, seinen Instinkten, seinen psychischen Inhalten und Ideologien identifiziert ist, wird seine Freiheit immer nur imaginär und illusionär bleiben.

Wie ein Mensch seine primäre Freiheit erlangen kann, wird im weiteren Verlauf dieses Buches noch näher erläutert.

Was den sogenannten „freien Willen" des Menschen angeht, so müssen wir uns bei näherer Betrachtung auch hier eingestehen, dass er mehr aus Einbildung als aus realer Wirklichkeit besteht. Denn mit dem Willen verhält es sich nicht anders als mit der Freiheit. Sobald der Wille einem Instinkt, einem Trieb, einem Wunsch, einer Begierde, einer Furcht, einer Idee oder Ideologie folgt, ist er *gebunden* und somit unfrei. Weil aber der Mensch meistens mit diesen Gegebenheiten identifiziert ist, hält er deren Eigendynamik für seinen eigenen, „freien" Willen und wähnt sich deshalb selbst als „frei". Das ist Eigenwille, und Eigenwille kann niemals frei sein, weil er immer einer Sache eigen ist, die ihr Eigeninteresse verwirklichen will. Diesem Eigeninteresse stehen aber immer die Eigeninteressen anderer

Gegebenheiten gegenüber. Eigenwille ist daher immer bedingt und begrenzt – also unfrei. Der Eigenwille eines Menschen ist also immer fremdbestimmt. Sei es durch Instinkte, Triebe, Wünsche, Gier, Geiz, Hass, Liebe, Furcht, Sympathie, Antipathie, Eitelkeit, Neid, Stolz, Machthunger, anerzogene Einstellungen, Haltungen oder Ideologien, usw., usw. Sein Wille ist all diesen Dingen unterjocht und versklavt. Er glaubt, die Entscheidung für oder gegen eine Sache liege in seiner Hand. Doch diese Entscheidung wird gemäß seinen anerzogenen Haltungen, Einstellungen, Konditionierungen, Assoziationsmustern, Vorlieben, Neigungen und Abneigungen schon gefällt, bevor ihm die vermeintlich eigene Entscheidung überhaupt zu Bewusstsein kommt. Das ist keine bloße Vermutung, sondern eine Tatsache, die auch von der modernen Hirnforschung bestätigt wird.

Aber diese Tatsache wird, aufgrund von jahrtausendealten, eingeprägten und eingefahrenen Vorstellungen vom Menschen, von der Allgemeinheit weder anerkannt, noch angenommen. Denn die Anerkennung dieser Tatsache würde konsequenterweise eine weitreichende Umwälzung des alteingefahrenen Menschenbildes bedeuten. Eine solche Umwälzung wäre für den Menschen noch weitreichender als die von Nikolaus Kopernikus und Galileo Galilei initiierte

Umwälzung des geozentrischen Weltbildes in ein heliozentrisches. Der Mensch wäre dann nicht mehr die „Krone der Schöpfung", sondern in erster Linie ein biologischer Automat und bediensteter der Natur. Die Würde des Menschen wäre dann nicht mehr von vornherein „unantastbar", sondern eine solche Würde müsste erst erworben werden. Denn besäße der Mensch wirklich unantastbare Würde, könnte er dann solche grausamen und schrecklichen Taten vollbringen, wie er sie tagtäglich vollbringt?

Das neue Menschenbild würde für den Menschen sowohl Konsequenzen für seine Rechtsprechung, als auch für sein Handeln und seinem Streben nach Freiheit nach sich ziehen. Im Falle der Rechtsprechung müsste die Frage der Schuldfähigkeit vollkommen neu gestellt werden, weil Schuldfähigkeit einen freien Willen voraussetzt. Der Mensch würde seine Hybris verlieren. Er würde bescheidener werden. Seine Freiheit würde er nicht mehr in der Vernichtung seinesgleichen, sondern eher in der Selbstüberwindung suchen. Denn er wüsste, dass er selbst Sklave seiner Natur, seiner Neigungen, seiner Konditionierungen und seiner Ideologien ist. Die Überwindung dieser Gegebenheiten würde ihn dann wirklich zur Krone der Schöpfung machen.

G. I. Gurdjieff sagte: „Der Mensch hat nicht genug Willen, zu tun, aber er hat genug Willen, um einen anderen zu folgen!" Dieser Umstand macht es einerseits möglich, dass der Mensch beeinflussbar und konditionierbar ist, wodurch er dienstbar gemacht werden kann, und andererseits bedeutet es auch, dass er auf einen Weg geführt werden kann, der ihn aus seiner Versklavung befreit und freien Willen verspricht, vorausgesetzt natürlich, dass der, der ihn führt, auch selbst schon befreit ist. Sonst „läuft die Katze auf den alten Füßen".

Wir haben oben die mögliche primäre Freiheit des Menschen als ein Verweilen Können im leeren, formlosen Bewusstsein definiert. Und wenn wir hier den möglichen freien Willen des Menschen definieren wollen, dann können wir sagen, dass Wille, der etwas anderem oder wem auch immer gehorcht, unfreier Wille ist, und dass freier Wille absoluter Ungehorsam ist. Mit absolutem Ungehorsam ist hier aber nicht gemeint, dass man lediglich *einer* Sache nicht gehorcht, während man auf der anderen Seite einer anderen Sache gehorcht, sondern, dass man überhaupt keiner Sache, keinem Gedanken, keinem Gefühl oder sonst wem oder was gehorcht. In dieser Hinsicht bedeutet freier Wille, Willen, der auf nichts gerichtet ist, oder Willen ohne Bestreben. Und damit landen wir wieder beim leeren, formlosen Bewusstsein. Denn ein Verweilen im leeren, formlosen Bewusstsein ist ohne freien Willen nicht möglich und umgekehrt ist freier Wille nicht ohne Verweilen im leeren, formlosen Bewusstsein möglich. Freier Wille und primäre Freiheit bilden also eine Einheit. Leeres, formloses Bewusstsein wäre ohne Willen wirklich leer, tot oder nicht vorhanden, und freier Wille wäre ohne Bewusstsein ebenso nicht vorhanden.

Der Mensch ist unzähligen Einflüssen unterworfen, seien diese kosmologischer, physiologischer, psychologischer, ethnologischer, politischer oder sozialer Natur. Will er die für ihn größtmögliche Freiheit von diesen Einflüssen erlangen, kann er dies nicht ohne fremde Hilfe und eigene Anstrengungen erreichen. Hilfe kann er von denen bekommen, die ihre primäre Freiheit bereits erlangt haben und einen Weg in mündlicher oder schriftlicher Form aufzeigen oder hinterlassen haben. Manche finden einen persönlichen Lehrer, der sie auf dem Weg des Gehorsams lehrt und führt, bis sie den Zustand des absoluten Ungehorsams erreichen. Andere tun sich mit Gleichgesinnten zusammen, um sich um einen Meister zu versammeln und sich auf ihrem eingeschlagenen Weg gegenseitig zu unterstützen. Und wieder andere gehen den Weg alleine, nachdem sie durch zufällige oder auch schicksalhafte, glückliche äußere Umstände auf den Weg der Betrachtung und Meditation aufmerksam wurden. Letztendlich laufen aber alle Wege auf Betrachtung und Meditation hinaus. Denn durch die Betrachtung der Abspulung psychophysischer Vorgänge oder assoziativer Denk-, Fühl-, und Handlungsmuster gewinnt das Bewusstsein einen gewissen Abstand zu diesen Dingen, wodurch Meditation im Sinne von Verweilen im leeren, formlosen Bewusstsein überhaupt erst möglich wird. Während dieses Verweilens stehen sowohl das Bewusstsein als auch der Wille still und sind frei. Dieses Verweilen im leeren, formlosen Bewusstsein kann nicht durch Worte, sondern nur durch die Erfahrung dieses Zustandes, begriffen und verstanden werden.

Wie bereits erwähnt, kann der Mensch solch einen Weg nicht ohne fremde Hilfe und eigene Anstrengungen gehen. Hat er keinen lebenden Meister, so braucht er zumindest die innere Bereitschaft, einen solchen Weg zu gehen, und eine wahre Lehre, die ihn anleiten kann, gleichgültig ob er den Weg alleine oder in einer Gemeinschaft geht.

Würde und Freiheit

Im Zusammenhang mit der ideologischen Versklavung des Menschen ist Würde insofern von Bedeutung, dass wahre Menschenwürde nur in ideologischer und spiritueller Freiheit gedeihen kann. Und dass sie nur in ideologischer und spiritueller Freiheit gedeihen kann bedeutet wiederum, dass wahre Menschenwürde dem Menschen nicht von vornherein gegeben ist, sondern erst erworben werden muss. Die allgemeine Vorstellung, der Mensch besäße bereits von Geburt an wahre Menschenwürde, ist ebenso fatal wie die Vorstellung, er besäße bereits von Geburt an freien Willen. Solche Vorstellungen bilden nämlich überhaupt erst die Grundlage für eine ideologische Versklavung des Menschen. Würde ein Mensch erkennen, dass er weder Freiheit noch wahre Menschenwürde besitzt, wäre der erste Schritt für seine Befreiung und dem Erlangen seiner wahren Würde bereits getan. Er könnte sich dann nämlich nicht mehr auf seinen Illusionen ausruhen.

„Würde" ist eines der Worte, die allzu oft achtlos gebraucht werden, ohne jemals über deren wirkliche Bedeutung nachzudenken.

Wir sagen zum Beispiel: „Die Würde des Menschen ist unantastbar." Was meinen wir denn damit? Meinen wir damit, dass seine Würde von allem, was immer er auch tun mag, unangetastet oder unberührt bleibt, auch wenn er Menschenunwürdiges tut oder er sogar seine Menschlichkeit verloren hat? Halten wir mit solchen Aussagen vielleicht den selbstberuhigenden Glauben aufrecht, dass wir unser Menschsein und unsere Menschlichkeit niemals verlieren können? Ist es vielleicht eine Floskel, die von Persönlichkeitskultfiguren, welche die Persönlichkeit eines Menschen für den Menschen selbst halten, in das Grundgesetz eingefügt wurde, um uns und sich selbst Glauben zu machen, wir würden von vornherein und ohne unser Zutun, von der Geburt bis zum Tod Menschenwürde besitzen? Oder ist es lediglich eine Aufforderung, anderen Menschen gegenüber respektvoll zu sein? Aber bräuchten wir eine solche Aufforderung überhaupt, wenn wir wahre Menschenwürde besäßen?

Wahrheitsgemäß müssten wir vielmehr sagen: „Die Würde des Menschen ist unantastbar, sofern er überhaupt wahre Menschenwürde besitzt!"

Denn solange er keine wahre Menschenwürde besitzt, bleibt seine „unantastbare Würde" etwas rein Imaginäres, das, um es sarkastisch auszudrücken, als solches natürlich ebenfalls „unantastbar" ist, weil es nämlich gar nicht existiert. Solange der Mensch kein wahrer Mensch geworden ist, bleibt auch seine sogenannte „Würde" etwas Unwahres.

Wir müssen uns also fragen: Was ist wahre Würde? Und insbesondere, was ist wahre Menschenwürde? Erst wenn wir das beantwortet haben, können wir auch beantworten, ob wir wahre Menschenwürde bereits von vornherein besitzen, oder ob wir sie erst erlangen müssen; ob wir erst wirklich Mensch werden müssen, bevor wir sie erlangen können?

Im Rahmen seiner eigenen Natur besitzt jedes Lebewesen eine natürliche Würde, im Sinne von Daseinswert und dem Recht auf Unversehrtheit seiner eigenen Natur.

So gesehen besitzt nicht nur der Mensch, sondern auch jede Pflanze und jedes Tier, gemäß seiner eigenen Natur, seine natürliche Würde. Verliert ein Wesen den Kontakt zu seiner eigenen Natur oder wird es aus seiner natürlichen Umgebung herausgerissen, wird ihm damit auch seine naturgegebene Würde genommen.

Die Wesensnatur eines Tieres ist gegenüber der des Menschen relativ unkompliziert. Deshalb kann ein Tier nicht anders als immer nur authentisch zu sein, und deshalb kann es auch den Kontakt zu seiner Wesensnatur nicht so leicht verlieren. Es sei denn, wir berauben ihm seiner natürlichen Umgebung. Ein Tier *ist* seine Wesensnatur: Eine Katze bleibt eine Katze, ein Pferd bleibt immer ein Pferd usw. Trotzdem können wir einem Tier seine Würde rauben, indem wir es beispielsweise in einem Zoo oder in eine Einrichtung für Massentierhaltung einsperren oder es quälen, usw.

Beim Menschen hingegen stellt sich die Sache etwas komplexer dar:

„… Und Jesus sprach zu ihm: Die Füchse haben Gruben, und die Vögel unter dem Himmel haben Nester; aber der Menschensohn hat nichts, wo er sein Haupt hinlege." (Matthäus 8, 20)

Friedrich Nietzsches Zarathustra sagt: „Was groß ist am Menschen, das ist, daß er eine Brücke und kein Zweck ist: was geliebt werden kann am Menschen, das ist, daß er ein Übergang und ein Untergang ist."

Weil nämlich die wahre Wesensnatur des Menschen im leeren, ungeformten Bewusstsein liegt, kann er im Grunde innerhalb seiner Psyche jedwede Form annehmen. Und solange er seine wahre Wesensnatur nicht als solche erkannt hat, wird er sich mit diesen angenommenen Formen ungewollt identifizieren und sie als seine „Identität" annehmen.

Die Rangweite solcher angenommenen „Identitäten" erstreckt sich von der Identifikation mit dem vegetativen Organismus, mit tierischen Instinkten, Trieben, allen möglichen Rollen des Soziallebens und der Persönlichkeit, bis hin zu einem geeinten, allumfassenden, göttlichen Bewusstsein.

Aus dieser Tatsache erklärt sich auch, dass wir in der Psyche des Menschen Verhaltensweisen verschiedenster Tierarten finden können, und dass sich der Mensch, im Unterschied zum Tier, sehr leicht von seiner wahren Wesensnatur und damit auch von seiner echten Menschenwürde entfernen kann.

Der Mensch kann seine wahre Wesensnatur und damit auch seine Authentizität durch die Identifikation mit psychischen Inhalten sehr leicht verlieren und zu einer „Identität" werden, die mit seiner wahren Wesensnatur nicht mehr viel zu tun hat. Er fällt dann von seiner wahren Natur und seiner natürlichen Würde ab und erlangt innerhalb seiner Persönlichkeitskultur und seines Sozialgefüges allerhöchstens eine imaginäre Scheinwürde. Das Wesen des Menschen selbst und seine wahre Würde pervertieren so zu einer künstlichen und unechten Erscheinung.

Ein Tummelplatz solcher unechten und künstlichen, „würdevollen" Erscheinungen ist der in allen Gesellschaftsformen vorhandene Persönlichkeitskult, in welchem jede Person zwar ihre imaginäre „Identität" und „Würde" besitzt, aber die Authentizität des Menschen und seine echte Menschenwürde sind verlorengegangen. Der Mensch wird so zu einer Persona, das heißt, er wird zu einer Maske hinter der weder er selbst noch andere sein wahres Gesicht erkennen können.

Da der Mensch immer in irgendeine Persönlichkeitskultur, die ihn ideologisch prägt, hineingeboren wird und nichts Anderes als diese kennt, beginnt er seine Persönlichkeit für sein „wahres Wesen" zu halten. Er erwirbt so, neben seiner tierischen Natur auf der einen und seiner *wahren* Menschennatur auf der anderen Seite, eine dritte Natur – oder Zwischennatur – mit einer falschen „Authentizität" und einer künstlichen „Menschenwürde".

Ein Mensch kann also drei Arten von Würde besitzen: Die Würde eines Tieres, die er von Geburt an besitzt. Eine künstliche, nur in seiner Einbildung existierende Würde seiner Persönlichkeit oder Scheinidentität, die er in seinem sozialen Kontext erwirbt. Und die Würde eines wahren Menschen, die vom natürlichen

Menschen erst erworben werden muss. Die Unantastbarkeit trifft aber nur auf das Letztere zu.

Im Folgenden werden wir sehen, dass echte Menschenwürde weit über die Würde eines Tieres oder die Würde der Persönlichkeit hinausreicht und nur dem wirklichen, ganz gewordenen, wahren Menschen eigen sein kann.
Echte Menschenwürde beinhaltet nämlich:
Aufrichtigkeit, Wertschätzung, Gewissen und Mitgefühl, Selbstbestimmung, Integrität, und letztendlich: ERHABENHEIT.

Wirkliche, wahre Menschenwürde kann daher nicht in der Persönlichkeit liegen, weil die Persönlichkeit lediglich ein mechanisierter Anpassungsapparat an unsere Umgebung und unser soziales Umfeld ist.
Ebenso kann sie nicht in unserem tierischen Organismus liegen, will dieser lediglich ein biologischer Automat ist.
Echte Menschenwürde kann nur im freien, formlosen Bewusstsein, in der wahren Wesensnatur des Menschen liegen! Denn Aufrichtigkeit, Wertschätzung, Gewissen, Mitgefühl, Selbstbestimmung, Integrität und Erhabenheit sind nur in einem bewusst reflektierenden Bewusstsein oder Gewahrsein möglich.

Dabei dürfen wir *Aufrichtigkeit* nicht mit einer auf Halbwahrheiten beruhenden „Ehrlichkeit" der Persönlichkeit verwechseln, die vorwiegend dazu dient, ein idealisiertes Selbstbild aufrechtzuerhalten, und lediglich eine subjektive, durch die Persönlichkeitskultur verzerrte „Wahrheit" zum Ausdruck bringt. Denn wirkliche Aufrichtigkeit findet außerhalb der Persönlichkeit, im Bewusstsein statt und steht immer in Beziehung zu unsrer wahren Wesensnatur, dem ungeformten Bewusstsein.

Aufrichtigkeit bedeutet dann in erster Linie Wahrhaftigkeit uns selbst gegenüber. Es bedeutet zu erkennen, wenn wir uns selbst und andere belügen, wenn wir zu sein glauben, was wir nicht sind, wenn wir uns selbst Dinge wie „freien Willen", „Selbstbewusstsein", „Selbstbestimmung" und „Freiheit" zuschreiben, obwohl wir sie nicht besitzen. Es bedeutet unsere Schwächen und unsere Identifikationen zu sehen, sie zu erleiden, zu ertragen und ihnen standzuhalten, ohne sie zu rechtfertigen. Es bedeutet in unserer Wesensnatur, im Leeren Bewusstsein den Freuden, Leiden und Widrigkeiten des Lebens und unserer Persönlichkeit gegenüber Aufrecht zu stehen, und, wenn diese uns beugen, uns in unserer Wesensnatur auch immer wieder aufzurichten. Kurz: Es bedeutet, uns Selbst, dem Leben und auch dem Tod aufrecht gegenüberzustehen!

Wertschätzung dürfen wir nicht mit persönlichen oder kulturellen Werten verwechseln, da solche Werte oft selbst Teil der ideologischen Versklavung des Menschen sind. Solche Werte können nämlich, je nach kulturellem Umfeld, so unterschiedlich sein, dass ihre Bandbreiten von Perversionen bis hin zu Heldentaten reichen.

Wertschätzung bedeutet in unserem Zusammenhang die Respektierung und Achtung des Daseins, einschließlich des Daseins anderer Wesen. Und weil das Dasein auch den Tod beinhaltet, bedeutet es auch die Wertschätzung, Respektierung und Achtung des Todes!

Gewissen meint hier nicht den Moralkodex einer Gesellschaft oder einer Persönlichkeitskultur, der einem Menschen innerhalb seines Sozialgefüges durch Erziehung und Konditionierung eingeprägt wurde und als solcher nicht mehr als einen anerzogenen, mechanisch-moralischen Reflex darstellt. Dieser konditionierte, mechanisch-moralische Reflex, der auf Furcht vor Strafe, auf anerzogenen Schuldgefühlen und dem Wunsch nach Lob und Anerkennung beruht, mag zwar als eine Art Ersatzgewissen dienen, um ein möglichst reibungsloses Zusammenleben innerhalb eines Sozialgefüges zu ermöglichen. Er hat aber mit echtem Gewissen nichts zu tun. Zumal es innerhalb unterschiedlicher Sozialgefüge auch unterschiedliche, oft unvereinbare Moralkodexe gibt. So kann das Edelste und Wünschenswerteste des einen Sozialgefüges das Unedelste und Verabscheuungswürdigste eines anderen Sozialgefüges sein. Mafiöse Organisationen besitzen beispielsweise ebenso einen Moralkodex, wie religiöse Glaubensgemeinschaften oder andere Gesellschaftsformen.

Echtes Gewissen hingegen beruht auf der tiefen Erkenntnis, dass alle Wesen letztendlich gleichen Ursprungs und aus einem einzigen Urgrund hervorgegangen sind, dass sie im Grunde alle aus den gleichen Stoff gemacht sind. Echtes Gewissen ist die Gewissheit der Einheit alles Seienden – gleichgültig wie gegensätzlich, unterschiedlich und unvereinbar uns manche Dinge an der Oberfläche des Seins auch erscheinen mögen. In der Tiefe des Seins sind nämlich alle an der Oberfläche als getrennt erscheinenden Gegensätzlichkeiten miteinander verbunden, wie etwa die Ufer eines Flusses am Grund des Flusses miteinander verbunden sind.

Echtes *Mitgefühl,* eine weitere Tugend der wahren Menschenwürde, geht aus einem echten Gewissen hervor und entspricht der Fähigkeit, sich in die Lage anderer Wesen versetzen zu können. Geht unser „Mitgefühl" nicht aus echtem Gewissen, sondern aus der

Persönlichkeit oder einem anerzogenen Ersatzgewissen hervor, dann ist es eher eine Art des nach außen projizierten Selbstmitleids, das wir als „Mitleid" oder „Mitgefühl" empfinden und das von unserer persönlichen Sympathie oder Antipathie abhängig ist.

Das echte Mitgefühl hingegen geht aus dem Empfinden

der Tatsache hervor, dass das ursprünglich geeinte Bewusstsein durch die Entstehung der Existenz in Gegensätze aufgespalten wurde und jetzt in begrenzte sich widerstreitende Formen des Daseins eingeschlossen ist, wo es das Getrenntsein von seinem Einen Urgrund erleiden muss.

Selbstbestimmung dürfen wir, in diesem Zusammenhang, nicht mit persönlichem Eigenwillen oder Eigensinn verwechseln. Eigenwille und Eigensinn gehören zur Persönlichkeit. Sie entstehen durch die Vorherrschaft von einzelnen Persönlichkeitsteilen, Wünschen oder Neigungen und werden durch Umgebungseinflüsse als auch durch die Prägungen der Persönlichkeit bedingt.

Wirkliche Selbstbestimmung hingegen ist bedingungslos! Denn jede an eine Bedingung geknüpfte „Selbstbestimmung" wäre durch eben diese Bedingung fremdbestimmt – also unfreiwillig.

Selbstbestimmung heißt: dass ein freies, ungebundenes Bewusstsein bestimmt und entscheidet ob es beispielsweise in eine bestimmte Form oder Rolle eintritt, um bestimmte Handlungen auszuführen. Und weil ein solches bewusstes Annehmen einer Form oder Rolle selbstbestimmt ist, kann die Form oder Rolle ebenso selbstbestimmt auch wieder abgelegt werden.

Andererseits bedeutet Selbstbestimmung aber auch, absichtlich seiner Bestimmung zu folgen, sich auf die natürlichen, unumstößlichen Gesetzmäßigkeiten des Daseins einzustimmen und sie zu wollen! Und das bedeutet letztendlich auch: den Tod zu wollen, wenn die Zeit dafür gekommen ist!

In dieser Hinsicht ist ein würdevolles Sterben nur dann möglich, wenn ein Mensch seinen Tod auch will, sobald seine Zeit gekommen ist!

Selbstbestimmung ist dann freier, unbedingter Wille in Übereinstimmung mit dem Großen Ganzen und den existenziellen Gesetzmäßigkeiten! Oder anders ausgedrückt: Selbstbestimmung ist dann der Wille, dem Großen Ganzen zu dienen.

Wenn das ursprünglich eine und freie Bewusstsein in eine Form oder Rolle eintritt, ist es den Gesetzmäßigkeiten und Beschränkungen des Daseins dieser Form oder Rolle unterworfen. Wenn es vollkommen passiv in sich ruht, wie beispielsweise in tiefer Meditation, ist es frei und unbeschränkt.

Selbstbestimmung kann sich also nur zwischen diesen beiden Polen, also zwischen Beschränkung und Unbeschränktheit bewegen.

Sobald das Gleichgewicht zwischen diesen beiden Polen kippt, gibt es keine Selbstbestimmung mehr; dann ist alles fremdbestimmt.

Wenn sich das Bewusstsein mit angenommenen Formen oder Rollen identifiziert, ist es diesen unterworfen. Es hält dann deren Neigungen und Abneigungen für seinen eigenen Willen. Es glaubt selbstbestimmt zu handeln, während es vollständig fremdbestimmt wird.

Oder wenn es auf der anderen Seite so tief in die Passivität versinkt, dass es einschläft, gibt es ebenfalls keine Selbstbestimmung mehr.

Das Gleichgewicht dieser beiden Pole kann nur durch ein gleichzeitiges Gewahrsein des Daseins und der Anwesenheit eines leeren, inhaltlosen Bewusstseins aufrechterhalten werden. Nur dann ist Selbstbestimmung möglich.

Integrität dürfen wir nicht mit einem Eingebunden Sein in soziale Strukturen beruflicher, kultureller oder familiärer Art verwechseln. Solche „Integrität" gehört zur Persönlichkeit, zu einem Rollenspiel oder einer Maskerade.

Integrität in Zusammenhang mit Würde bedeutet vielmehr, ein inneres, alle Gegensätze umfassendes Ganz Sein oder eine innere Individualität im Sinne von Unteilbarkeit zu besitzen.

Erhabenheit dürfen wir nicht mit Anmaßung oder Überheblichkeit verwechseln. Denn Anmaßung und Überheblichkeit entstehen, wenn sich einzelne Persönlichkeitsteile verselbstständigen und sich anmaßen, alleingültiges Wissen zu besitzen, über andere zu stehen oder besser zu sein als andere.

Erhabenheit bedeutet vielmehr, ein über dem Körper und über der Persönlichkeit stehen, ein inneres Losgelöst Sein des Bewusstseins von Körper und Persönlichkeit!

Alle diese Tugenden sind Bestandteil einer echten Menschenwürde. Und solange wir diese Tugenden nicht besitzen, besitzen wir auch keine wahre Menschenwürde.

Wir können hier auch sehen, wie diese dem wahren Menschen zugehörenden Tugenden innerhalb einer ideologisch versklavten, „Ich"-bewussten Persönlichkeit degradiert werden und sich in ihr Gegenteil wandeln:

Aufrichtigkeit wird zu einer falschen „Ehrlichkeit", weil

die Persönlichkeit nur Teilaspekte der Wirklichkeit erkennen kann.

Wertschätzung wird zur Wertung, zur Bewertung, zur Beurteilung und schließlich zur Verurteilung.

Gewissen wird zu einer anerzogenen, mechanisch-moralischen Instanz.

Mitgefühl wird zu Selbstmitleid, das sich zwar in einer Art sentimentaler Fürsorglichkeit zeigen kann, aber mit wirklichem Mitgefühl nichts mehr zu tun hat.

Selbstbestimmung wird zum Eigensinn einzelner Vorlieben und Abneigungen der Persönlichkeit.

Integrität wird zum Eingebunden Sein in soziale Strukturen, in denen sich unser inneres Ganz Sein oder unsere Individualität in persönlichen Äußerlichkeiten verliert.

Erhabenheit wird innerhalb der Persönlichkeit zur Anmaßung, Arroganz und Überheblichkeit.

Schlussfolgernd können wir sagen:
Die wahre Würde des Menschen ist keine soziale Angelegenheit, sondern sie ist individuell, im Sinne von unteilbar und nicht übertragbar, sie ist eine Eigenschaft des tiefsten, innersten Wesens des Menschen, und als solche ist sie wirklich unantastbar!

Echte Menschenwürde ist ein erstrebenswertes, hohes

Gut, das nur wenige besitzen. Sie ist, wenn man so will, ein göttliches Attribut.

Liegt der Hauptschwerpunkt eines Menschen im ungeformten Bewusstsein, besitzt er echte Menschenwürde oder überpersönliche Würde.

Liegt sein Hauptschwerpunkt in der Persönlichkeit, besitzt er persönliche Würde, die im Vergleich zur echten Menschenwürde eine Scheinwürde ist. Sie kann der echten Menschenwürde dem Anschein nach zwar ähneln, ist aber nicht authentisch und Teil seiner ideologischen Versklavung.

Unterhalb seiner persönlichen Scheinwürde liegen die tierischen Instinkte und Triebe seines Körpers, die der Selbst- und Arterhaltung dienen. Hier besitzt der Mensch noch die Würde eines Tieres.

Wenn durch alters- oder krankheitsbedingte Degenerationsprozesse seines Gehirns auch die tierischen Instinkte in ihren Funktionen eingeschränkt werden, sodass er zum Beispiel Kot nicht mehr von Nahrung unterscheiden kann, dann kann er, indem er nur noch durch fremde Hilfe dahinvegetiert, sogar unterhalb der Würde eines Tieres fallen und besitzt dann vielleicht noch die Würde einer Pflanze.

Möglicherweise kann der von seiner wahren Menschenwürde gefallene Mensch seine wahre Würde, wenn er diese während seiner Lebenszeit nicht erlangen konnte, erst dann wiedererlangen, wenn er stirbt. Das heißt, wenn sich während seines Sterbeprozesses die an Körper, Instinkten, Persönlichkeit und Rollen gebundenen Bewusstseinsteile lösen und sich wieder mit dem Formlosen vereinigen.

Es sind die Würdigen und Erhabenen, die als Unsterbliche in ihren Einen Urgrund eingehen können.

Würdig sind sie, weil ihr Bewusstsein von allen Formen, „Identitäten" und Identifikationen gelöst ist.

Erhaben sind sie, weil sie sich über Körper und Persönlichkeit sowie über Leben und Tod erhoben haben.

Unsterblich sind sie, weil sie die Zeit verlassen haben und somit dem Wandel nicht mehr unterworfen sind.

Bildlich gesprochen, sind sie zur Nabe des Lebensrades geworden, das sich unaufhörlich weiterdreht, während sie selbst stillstehen. Während sich der ewige Wandel zwischen den getrennten Gegensätzen, zwischen Leben und Tod an der Oberfläche ihres Seins vollzieht, sind Leben und Tod sowie alle Gegensatzpaare in ihnen zu einer einzigen Einheit geworden und zum Stillstand gekommen.

Vom spirituellen Standpunkt aus ist das Leben an sich nicht etwas unbedingt Erstrebenswertes. Denn es ist ein ständiger Kampf der getrennten Gegensätze und daher immer mit Leiden verbunden. Für sich genommen ist Leben sinnloses Leid.

Erst wenn das Leben zu einem Mittel und zu einem Zweck wird, wenn wir es nutzen, um unsere wahre Menschenwürde, unser wahres Menschsein zu erlangen, machen sowohl das Leben, der Tod als auch die damit verbundenen Leiden für uns Menschen einen Sinn. Dieser liegt dann in der Rückführung des in getrennten Gegensätzen verkörperten Bewusstseins zu seiner ursprünglichen Einheit. Dann werden die Leiden des Lebens zur treibenden Kraft, unsere ursprüngliche Einheit zu suchen und zu erlangen.

Der Kreislauf des Bewusstseins

Mit „Kreislauf des Bewusstseins" bezeichnen wir die Tatsache, dass sich das ursprünglich formlose, geeinte Bewusstsein durch einen Abstieg von seinem primären Zustand in Formen manifestiert und sich durch einen Wiederaufstieg wieder mehr und mehr von seinen angenommenen Formen löst, um schließlich zu seinem ursprünglichen Zustand zurückzukehren. Erst wenn wir diesen Kreislauf verstehen, können wir auch die mögliche Freiheit des Menschen, der Teil dieses Kreislaufs ist, verstehen.

Auch wenn das Folgende mangels einer besseren Erklärung teilweise rein hypothetisch erscheinen mag, so erklären sich daraus doch viele „unerklärliche" Phänomene wie beispielsweise die Entstehung des Lebens auf unserem Planeten, die Höherentwicklung von Organismen sowie die damit verbundene Entwicklung eines erwachenden Bewusstseins.

Weil in unserem Universum sowohl in den großen als auch in den kleinen Formationen alles mit allem zusammenhängt und zusammenfunktioniert, können wir annehmen, dass alles aus einer primären Einheit hervorgegangen ist und hervorgeht. Wie etwa die Astrophysik annimmt, dass unser Universum durch einen

„Urknall" aus einer primären Einheit, aus einer Kraft, in der alles Seiende in einer Nulldimension miteinander verschmolzen war, hervorgegangen sein muss.

Weiter können wir annehmen, dass in dieser primären Einheit bereits alle Möglichkeiten der Entfaltung und Organisation des Universums potenziell enthalten waren, wie etwa in einem Samenkorn der Baum, der daraus entstehen kann, bereits potenziell enthalten ist.

Weil die Dimensionen des Raumes und der Zeit erst mit der Entstehung des Universums in Erscheinung treten und unser Verstand weder in der Lage ist, sich den Zustand des Universums vor dem „Urknall", noch einen raum- und zeitlosen Zustand vorzustellen, müssen wir auf vorstellbare Bilder zurückgreifen, um solche Zustände wenigstens annähernd begreiflich zu machen. Wir können uns vorstellen, dass unser gesamtes Universum mit all seinen Möglichkeiten und intelligenten Organisationsfähigkeiten in einem unvorstellbaren raum- und zeitlosen Etwas, wie in einem Samenkorn, zusammengefaltet war und sich mit dem „Urknall" zu entfalten begann.

Des Weiteren können wir annehmen, dass Raum- und Zeitlosigkeit mit Raum und Zeit inkompatibel sind. Das heißt, das Raum- und Zeitlose kann nicht räumlich und zeitlich werden und umgekehrt können Raum und Zeit auch nicht raum- und zeitlos werden. Und das bedeutet auch, dass das Zeitliche zwar aus dem Nicht-zeitlichen hervorgeht und auch wieder dorthin verschwindet, während aber das Nichtzeitliche sowohl vor der Entstehung des Zeitlichen als auch während und nach dessen Existenz trotzdem bestehen bleibt. Es ist etwas ständig Anwesendes. Weil es an keinen Raum und an keine Zeit gebunden ist, ist es gleichzeitig immer, überall und nirgends. Es ist der ewige, allgegenwärtige Urgrund. Und weil darin alle Möglichkeiten und Fähigkeiten zu einer *intelligenten* Organisation von allem Seienden potenziell vorhanden sind, bezeichnen wir diesen Urgrund, um seinem intelligenten Potenzial gerecht zu werden, hier auch als das primäre Bewusstsein.

Das primäre Bewusstsein entspricht somit etwa einer „Ursuppe", die noch ohne Form und ohne Ausdehnung ist, aber bereits alle Informationen, alle Möglichkeiten der Entfaltung bis hin zur Organisation von Sonnensystemen und auf Planeten entstehenden Organismen, welche die Fähigkeit des bewussten Erkennens und Handelns besitzen, in sich enthält. Mit der gesetzmäßigen Ausdehnung dieser „Ursuppe" und deren Verdichtung zu einzelnen Formationen entstehen dann Raum und Zeit.

Wir können uns die noch in sich Eine Ursubstanz oder „Ursuppe" als Energiefeld mit sehr hohen

Schwingungsraten vorstellen. Aufgrund des Trägheitsprinzips kommt es dann zu einer Verlangsamung der Schwingungsraten, wodurch kosmischer Staub, und aus diesem, einzelne voneinander getrennte Verdichtungen wie beispielsweise Sonnen entstehen. Durch weitere Abnahme der Schwingungsraten kommt es zur Verdichtung von immer dichteren, massiveren und trägeren Himmelskörpern wie beispielsweise zu Planeten und Monden.

Durch diesen Prozess des Verdichtens der Ursubstanz in einzelne voneinander getrennte Verdichtungen kommt es zu einer Aufspaltung der ursprünglichen Einheit, und damit auch zur Aufspaltung des ursprünglich einen, primären Bewusstseins, das nun in den einzelnen Verdichtungen eingeschlossen und durch diese begrenzt wird.

Das in den verdichteten Formen eingeschlossene Bewusstsein manifestiert sich als Information. Oder anders ausgedrückt: Information ist verdichtetes oder geformtes Bewusstsein. Ohne diese Information gäbe es in der Chemie keine Affinitäten oder Aversionen, noch gäbe es ein Periodensystem der Elemente. In der Biologie gäbe es keine DNA-Stränge und auch keine geschlechtliche Zuneigung oder Abneigung. In der Psychologie gäbe es keine Sympathie und keine Antipathie. Und auf der intellektuellen Ebene gäbe es keine

These und keine Antithese, keine Mathematik, keine Wissenschaft, keine Literatur und keine Kunst usw. Ohne eine solche Information könnte ein Organismus der Nahrung kein Verdauungssystem, dem Schall keinen Hörapparat, und dem Licht kein Auge entgegensetzen, und so weiter, und so weiter. Kurz: Ohne Information gäbe es keine Ordnung und auch keine Organisation im Kosmos, oder möglicherweise gäbe es auch überhaupt nichts.

Am untersten Ende des Verdichtungs- und Aufspaltungsprozesses, wo keine weitere Aufspaltung und Verdichtung mehr möglich ist, kommt es dann durch das noch immer aktive, in den Verdichtungen und Formen eingeschlossene, jetzt sekundäre Bewusstsein oder der Information zu einer Umkehr des Verdichtungsprozesses, wie er sich zum Beispiel in der aufsteigenden Entwicklung des Lebens auf unserem Planeten Erde zeigt.

Der Verdichtungsprozess zeigt sich als eine Abwärtsentwicklung vom Feinen zum Groben, vom primären, formlosen Bewusstsein zur Form. Und der rückläufige Prozess, durch den das in Körpern oder Formen eingeschlossene und begrenzte, jetzt sekundäre Bewusstsein zurück zu seinem ursprünglichen, freien und geeinten Zustand drängt, zeigt sich als eine Aufwärtsentwicklung vom Groben zum Feinen.

Weil das Bewusstsein des Urgrundes formlos, unbegrenzt, frei, ungebunden und geeint ist, nennen wir es das primäre Bewusstsein, und weil das in Formen und Körpern eingeschlossene Bewusstsein beschränkt, gebunden und in getrennte Gegensätze aufgespalten ist, nennen wir es das sekundäre Bewusstsein.

Das sekundäre Bewusstsein durchläuft während seines Rückflusses und seines allmählichen Erwachens zu seiner primären Einheit verschiedene Seins Zustände oder Stufen, die wir in der Aufwärtsentwicklung des Lebens auf unserem Planeten erkennen können:

Wir können zum Beispiel sagen, dass das Bewusstsein in der Welt der Steine, der Minerale und der „unbelebten" Gegenstände *schläft*, dass es in der Pflanzenwelt, zwar immer noch schlafend, beginnt, sich zu *recken* und zu *strecken*, um weiter nach oben zu drängen, dass es in der Tierwelt, in jetzt schon komplexeren Organsystemen mit einem Gehirn, das instinktiv-intelligentes und relativ autonomes Handeln möglich macht, zu *dämmern* beginnt, dass es in der Menschenwelt, obwohl immer noch im Halbschlaf dämmernd, zu *erwachen* beginnt und in manchen einzelnen Individuen sogar vollständig zu seiner primären Einheit erwachen kann.

Mit diesem Erwachen zu seiner primären Einheit schließt sich sein Kreislauf des Bewusstseins und es kehrt zu seinem ewigen, allgegenwärtigen, ursprünglichen und geeinten Zustand zurück. Doch bis zu dieser Erlösung vom Joch seines sekundären Daseins in Formen und Strukturen, seien diese materieller, psychischer, geistiger oder ideologischer Art, müssen einige Hürden überwunden werden. Die Überwindung dieser Hürden geschieht durch einen inneren oder spirituellen Widerstand des Menschen. Ein Widerstand, der ihn mehr und mehr aus seinem Sklaventum in Formen oder Ideologien befreien kann. Im Wesentlichen zeichnet sich dieser innere Widerstand dadurch aus, dass wir als reines Bewusstsein dem Sog der Gedanken, der Gefühle, der Formen und Bilder aufrecht gegenüberstehen, indem wir uns selbst als formloses Bewusstsein inmitten aller Erscheinungen betrachten, woraus schließlich ein wahres Seins-Empfinden im Sinne von bewusstem Da-Sein hervorgeht.

Aufgrund der großen Komplexität des menschlichen Organismus mit seinen Organsystemen, seinem sympathischen und parasympathischen Nervensystem, seinem Gehirn, seinen psychischen, emotionalen, intellektuellen und geistigen Gegebenheiten, sind in ihm alle möglichen Zustände des gebundenen, sekundären Bewusstseins bis hin zu seinem vollständigen

Erwachen möglich. Es kann in ihm schlafen, vegetieren, dämmern und träumen, es kann sich mit den verschiedensten Formen bekleiden, kann reflektieren, sich selbst erkennen und schließlich zu seiner primären Einheit erwachen. Ein Mensch kann sein gesamtes Leben zwischen den Zuständen des Schlafens, des Vegetierens, des Dämmerns, des Träumens und eines meist kurzfristigen Reflektierens verbringen, ohne je sich selbst oder seine wahre Natur zu erkennen. Zwischen der Stufe des Reflektierens und der Stufe der Selbsterkenntnis liegt nämlich eine der größten Hürden auf dem Weg zu seinem Erwachen, weshalb wohl nur sehr wenige diesen mit bestimmten Anstrengungen verbundenen Weg gehen.

Das reflektierende Bewusstsein ist zwar das, was den Menschen vom Tier unterscheidet und ihm seine intellektuellen Fähigkeiten verleiht, aber solange es ihn nicht zur Erkenntnis seiner selbst führt, bleibt er auf den unteren Stufen der Entwicklung seines Bewusstseins als eine Art „höheres" Tier stehen, ohne sein wahres Menschsein, das mit seiner Selbsterkenntnis beginnt, zu erlangen. Er kann dann zwar von „Selbsterkenntnis" träumen, indem er seine physischen, psychischen und intellektuellen Gegebenheiten reflektiert und beurteilt, er kann von „Religiosität" träumen, indem er einen „Glauben" annimmt und hofft dadurch ins „Paradies" oder ins „Himmelreich" eingehen zu können, aber mit wirklicher Selbsterkenntnis oder wirklicher Religiosität hat das nichts zu tun.

Wahre Selbsterkenntnis und wahre Religiosität liegen sehr nahe beieinander. Um das zu verstehen, müssen wir zuerst verstehen, was wahre Selbsterkenntnis ist: Das Werkzeug, mit dem wir uns selbst erkennen können, ist das reflektierende Bewusstsein, welches wir aber richtig gebrauchen müssen, um nicht auf der Stelle zu treten oder uns im Kreis zu drehen.

Gewöhnlich reflektieren wir die Geschehnisse in unserer Umgebung sowie die darin einbezogenen Gegenstände, Lebewesen und Personen. Wir erspüren, verspüren, fühlen, reagieren, erwägen, urteilen, kalkulieren, klügeln und ordnen zu, usw. Kurz: wir machen uns unseren eigenen Reim aus den Dingen. Dieser Reim bildet sich meist vollkommen automatisch aus unseren Anschauungen und Assoziationen. Wir nehmen die Geschehnisse lediglich in einer Art Dämmerzustand wahr und unsere Reaktion darauf ist bereits vorgegeben. Die Reflexion von Geschehnissen und die Reaktion darauf ist noch keine wahre Selbsterkenntnis.

Wenn wir reflektieren, *wie* wir uns unseren Reim aus den Geschehnissen machen, indem wir unsere Reaktionen, unsere Emotionen, unsere Gefühle, Urteile und Gedanken reflektieren, dann können wir zwar erkennen, wie wir funktionieren und sind der Selbsterkenntnis schon ein wenig nähergekommen, aber wahre Selbsterkenntnis ist das immer noch nicht. Denn wir sind weder unsere Reaktionen, unsere Emotionen, unsere Gefühle, unsere Urteile und Anschauungen, noch sind wir unsere Gedanken.

Doch wenn wir reflektieren, *was* reflektiert, dann erlangen wir wahre Selbsterkenntnis, denn *wir* sind das reflektierende Bewusstsein selbst. Das heißt: In dem Moment, in dem sich unser reflektierendes Bewusstsein selbst reflektiert, erkennt es sich selbst. Es erkennt seine wahre Natur als Fragment seiner primären Einheit. In diesem Moment steht alles still: Gedanken, Emotionen und Gefühle stehen still. Nur formloses, ungebundenes, glückseliges Sein. Während sich die Welt weiterdreht, sind wir zur Nabe der Welt geworden, wir sind zum innersten Zentrum des Daseins vorgedrungen. Das ist *wahre* Selbsterkenntnis. Und nur in diesem Zustand der wahren Selbsterkenntnis öffnet sich für das sekundäre Bewusstsein eine Tür zu seinem primären Urgrund. Deshalb gibt es ohne Selbsterkenntnis keine wirkliche Religiosität im Sinne von Rückverbindung zu unserem Urgrund; und deshalb liegen Selbsterkenntnis und Religion so nahe beieinander. In dieser Art der Selbsterkenntnis ist alle Spiritualität begründet: alles Heilende und Heilige, alle

Selbstüberwindung, alle Freiheit, alle Glückseligkeit, alle Erlösung, alle Gnade, alle Unsterblichkeit, alles Göttliche und alles Gute. Es ist die religiöse Instanz, auf die wir uns verlassen können.

Das sekundäre Bewusstsein ist der bis tief in die Materie abgestiegene göttliche Funke, der alles belebt und beseelt, um am Ende wieder zu seinem primären Urgrund zurückzukehren. Es ist die treibende Kraft, die die Materie zur Organisation und zur Höherentwicklung bringt.

Aber was sind nun die Hürden, die das sekundäre Bewusstsein daran hindern, sich selbst zu reflektieren, und verhindern, dass diese Reflexion, wenn sie einmal stattgefunden hat, aufrechterhalten werden kann? Was sind die Hürden, gegen die sich unser Bestreben nach Selbsterkenntnis und Freiheit in diesem Fall richten muss?

Um dies zu beantworten, müssen wir zunächst verstehen, dass wir zuallererst ein gewisses Maß an *freiem*, reflektierendem Bewusstsein besitzen müssen, damit eine Selbstreflexion des Bewusstseins überhaupt erst zustandekommen kann.

Der Mensch ist im Unterschied zum Tier zwar mit einem gewissen Quantum an reflektierendem Bewusstsein ausgestattet, aber dieses Quantum wird von seinen physischen und psychischen Gegebenheiten, wie Trieben, Wünschen, Interessen, emotionalen oder intellektuellen Aktivitäten und dergleichen, meist vollständig absorbiert und durch innere oder äußere Konflikte komplett aufgebraucht. Das heißt, er ist in seinem Leben, bemerkt oder unbemerkt, immer mit irgendwelchen Problemen, Befürchtungen und Bestrebungen beschäftigt, die sein reflektierendes Bewusstsein vollständig in Beschlag nehmen.

Das ist die erste Hürde die überwunden werden muss. Wir müssen sozusagen unsere Leiden opfern, indem wir zum Beispiel für eine gewisse Zeit am Tag diesen ganzen Lebenswust mal beiseitelassen, mal nichts tun und uns auch mal nicht mit unseren Problemen, Wünschen und Ängsten beschäftigen. Dazu müssen wir in die Stille eintreten, was aber leichter gesagt als getan ist.

Wenn wir dann ein gewisses Maß an freiem, reflektierendem Bewusstsein erlangt haben, dann können wir diesen freien Teil nutzen und auf unser Innerstes fokussieren.

Die nächste Hürde wird dann die sein, dass wir das freie, reflektierende Bewusstsein nur für kurze Momente zur Verfügung haben werden, weil der Sog unserer Bestrebungen und unserer sogenannten „Probleme" zu stark ist und dadurch der freie Teil unseres

reflektierenden Bewusstseins auch schnell wieder gebunden wird, sodass wir die Fokussierung unseres
tiefsten Inneren vergessen und uns wieder im Strom
der Emotionen, Gefühle und Gedanken verlieren. Auf
solche und andere zu überwindenden Hürden werden
wir in den folgenden und besonders in den letzten Kapiteln dieses Buches noch näher eingehen. An dieser
Stelle soll nur ein grober, richtungweisender Überblick
gegeben werden.

Jedenfalls gilt es hier auch noch zu verstehen, dass das
aus der Ichhaftigkeit befreite sekundäre Bewusstsein,
weil es formlos geworden ist, dem primären Bewusstsein gleicht. Und wenn es sich selbst erkennt, erkennt
es auch das primäre Bewusstsein wieder als sich
selbst. Oder anders ausgedrückt: Das Göttliche im
Menschen erkennt sich selbst wieder.

Wenn wir annehmen, dass das primäre, formlose Bewusstsein dem wahren und tiefsten Wesen des Menschen entspricht und der Mensch ein Teil des Kreislaufs des Bewusstseins ist, der sich zwischen Formlosigkeit und Form abspielt, kann er nur innerhalb dieses
Kreislaufs verschiedene Grade der Freiheit erlangen.
Je mehr sein Bewusstsein an Formen, seien diese physischer, psychischer oder geistiger Natur, gebunden
ist, umso unfreier ist er. Und je mehr sich sein Bewusstsein von Formen jedweder Art gelöst hat, umso

freier ist er. Die möglichen Grade seiner Unfreiheit oder Freiheit reichen vom absoluten Gebunden Sein an materielle Formen und Ideologien, über relative oder gefühlte Freiheiten, wenn er irgendwelche „Entscheidungen" trifft, bis hin zu seiner höchstmöglichen Freiheit, wenn er zum allumfassenden, formlosen Bewusstsein wird und vollständig in seinen Urgrund eingeht. Damit tritt er aus dem Kreislauf des Bewusstseins oder auch aus dem Kreislauf von Tod und Wiedergeburt heraus. Weil er in seiner endgültigen Freiheit als Form gestorben sein wird, gibt es da auch kein „Ich" oder kein „Selbst" mehr, das sagen könnte: „Ich bin frei!"

Endgültig frei sein kann der Mensch nur, wenn er als „Ich" oder als „Selbst" gestorben ist.
Die Ideologie vom „Ich" oder „Selbst" ist das, was den Menschen am meisten bindet und versklavt, ohne dass er es bemerkt. Weil die Ideologie vom „Ich" oder „Selbst" die Wurzel und die Grundlage aller anderen Ideologien ist, ist deren Auflösung auch der Schlüssel zur Freiheit.
Indem sich ein Mensch wiederholt und regelmäßig durch Kontemplation und Meditation in den Zustand der Stille und des formlosen Bewusstseins begibt, kann er im Laufe seines Lebens die Ideologie vom „Ich" und „Selbst" auflösen und mit etwas Glück noch

vor seinem physischen Tod wahre Freiheit erlangen. Ansonsten wird ihn am Ende seiner Lebenszeit der im Kreislauf des Bewusstseins gesetzmäßig verankerte Prozess der Wiederauflösung aller entstandenen Formen heimsuchen und ihm durch den Tod seines physischen Körpers die Grundlage seiner angenommenen Formen oder seines „Ichs" wegnehmen, was mitunter unter schwerem Leid geschieht. Insbesondere dann, wenn den ungelösten Bewusstseinsteilen durch den Tod des physischen Organismus ihre Form und damit ihr Halt entzogen wird. Möglicherweise wandern solche ungelösten Bewusstseinsteile nach dem Versiegen des physischen Körpers als dürstende Schemen oder Schatten auf der Suche nach einer neuen Wiederverkörperung umher. Ähnlich wie wir es manchmal in Träumen erleben können, wenn wir einem Begehren nachjagen, ohne das Begehrte erreichen oder erfüllen zu können. Mit einer neuen Wiederverkörperung der ungelösten Bewusstseinsteile dreht sich dann der Kreislauf des Bewusstseins oder der Kreislauf von Geburt und Tod weiter.

Der Schrecken der Situation

Wenn wir die Menschheit insgesamt als ein Organ unter anderen Organen des Lebens auf unserem Planeten betrachten und etwas genauer hinsehen, dann können wir sehen, dass sich das Organ Menschheit in einem desaströsen Zustand befindet:

In den letzten 50 Jahren hat sich seine Größe verdoppelt, weshalb unter anderem nicht mehr alle Regionen und Zellen dieses Organs adäquat mit Nährstoffen versorgt werden können. Hinzu kommen unabwendbare Naturkatastrophen und Kriege sowie die Ausbeutung und Verschmutzung des Planeten durch den Menschen selbst.

Wir können in diesem Organ Menschheit Zellverbände und einzelne Zellen finden, die im Überfluss und „wie die Maden im Speck" leben, während andere Zellverbände und einzelne Zellen ihr Brot nicht über Nacht haben, ums nackte Überleben kämpfen oder sogar verhungern müssen. Doch dem sei nicht genug: Es gibt Zellverbände, die andere Zellverbände um jeden Preis vernichten wollen, um Herrschaft über das gesamte Organ zu erlangen. Andere wiederum gleichen Krebszellen, die das Organ von innen heraus zu zerstören suchen. Es gibt Regionen in diesem Organ, wo ein unaufhörliches sich gegenseitiges Vernichten der Zellen stattfindet. Immer mehr Zellen aus notleidenden und auch schon zum Großteil zerstörten Regionen des Organs versuchen in wohlhabendere Regionen zu migrieren, während die wohlhabenden Regionen versuchen, den Migrantenstrom zu begrenzen oder ganz zu unterbinden, weil durch die Massenmigrationen ihr eigener Wohlstand auf dem Spiel steht und durchaus die Möglichkeit einer unbemerkten Einschleusung von Krebszellen besteht, welche die noch relativ gut funktionierenden Regionen unterwandern und von innen heraus zerstören können.

Wenn wir hier Parallelen zu unserem physischen Körper mit seinen Organsystemen ziehen, dann können wir sagen: Das Organ Menschheit ist krank! Und so wie manche erkrankten Organe in unserem Körper das Gleichgewicht unseres gesamten Organismus stören oder ihn sogar vernichten können, kann das erkrankte Organ Menschheit auch das Leben auf unserem Planeten aus dem Gleichgewicht bringen oder sogar vollständig vernichten. Und wenn wir ein Organ nicht nur symptomatisch behandeln, sondern auch ursächlich therapieren und heilen wollen, dann müssen wir das Organ in einem größeren Zusammenhang mit anderen Organsystemen verstehen. Ebenso müssen wir auch seine Funktionen und Aufgaben innerhalb eines größeren Organsystems sowie die Ursachen, die zu seiner Erkrankung führen können, verstehen.

Im größeren Zusammenhang betrachtet befindet sich das Organ Menschheit innerhalb der Stufenleiter des sich entwickelnden Lebens auf unserem Planeten an der obersten Stelle dieser Stufenleiter. An unterster Stelle finden wir die Welt der Minerale, der organischen Stoffverbindungen und der Mikroorganismen; darüber finden wir die Welt der Vegetation; danach die Tierwelt; und an oberster Stelle die Menschenwelt. Wir können all diese Welten als einzelne Organsysteme eines größeren Lebensorganismus verstehen, in welchem jedes Organ seine spezifischen Aufgaben hat. Dabei baut sich jedes Organsystem in der Stufenleiter des Lebens auf die unter ihm liegenden Systeme auf.

Weil, grob gesagt, jedes Organsystem vorwiegend die Aufgabe hat Stoffe umzuwandeln, können wir das Leben auf unserem Planeten als einen riesigen Transformationsorganismus oder Stoffumwandlungsautomaten betrachten, der niedere Stoffgruppen in höhere umwandelt. Dadurch entstehen verschiedene Transformationsebenen. Und wenn wir entlang dieser Transformationsebenen den Entwicklungszustand des Bewusstseins betrachten, dann sehen wir, dass in den niederen Organsystemen oder Transformationsebenen des Lebens weniger und in den oberen mehr freies Bewusstsein vorhanden ist.

Aus dieser Tatsache können wir schließen, dass der riesige Transformationsorganismus, den wir Leben nennen und der Teil des Kreislaufs des Bewusstseins ist, auf unserem Planeten die Aufgabe hat, das tief in der Materie gebundene, sekundäre Bewusstsein zu seinem ungebundenen, freien, primären Zustand zurückzuführen. Weil das gebundene, sekundäre Bewusstsein im Organ Menschheit, das die oberste Transformationsebene innerhalb des gesamten Lebensorganismus einnimmt, zwar relativ frei aber trotzdem noch an Formen und Strukturen gebunden ist, kommt es zu verschiedenen Manifestationen und Phänomenen, die wir nur im Organ Menschheit und auch im einzelnen Menschen finden können:

Eine dieser Manifestationen ist die innere Gespaltenheit des Menschen mit ihren oft unliebsamen Folgen. Die innere Gespaltenheit entsteht aus der Position, die der Mensch auf der obersten Transformationsebene des Lebens einnimmt. Auf der einen Seite besitzt er einen tierischen Organismus mit allen Instinkten und Trieben eines Tieres, und auf der anderen Seite besitzt er so viel relativ freies, reflektierendes Bewusstsein, dass dieses sich von seinen tierischen Instinkten und

Trieben ablösen kann, um sich in einer breit gefächerten, komplexen Psyche mit all ihren oft auch sonderbaren Eigenheiten zu manifestieren.

Die Psyche des Menschen mit ihren emotionalen und intellektuellen Gegebenheiten bildet sozusagen das Brückenglied zwischen dem in der Tierwelt an Instinkte und Triebe gebundenen Bewusstsein und dem vollständig aus Formen und Strukturen befreiten, primären Bewusstsein.

Die Psyche des Menschen stellt die eigentliche Welt des Menschen oder seinen Erlebensraum dar. In seiner Psyche werden alle Instinkte und Triebe seines tierischen Organismus, seine materielle und soziale Umwelt, seine kulturellen Güter, seine Ideologien und alles was er tut und schafft widergespiegelt, sodass in ihr oft widersprüchliche, sich widerstreitende Inhalte entstehen.

Aufgrund dieser widersprüchlichen Inhalte seiner Psyche, und weil sich sein Bewusstsein immer mit einem gerade im Vordergrund stehenden und vorübergehenden Inhalt identifiziert, besitzt der Mensch keine wirkliche Identität. Er kann ein Tier, ein mitfühlendes, gütiges Wesen, eine grausame Bestie oder auch ein hochkultiviertes Wesen sein. Doch all dem, was er denkt, fühlt und tut, all dem, was er zu sein glaubt, wird alsbald von irgendeiner anderen Seite widersprochen. Findet dieser Widerspruch gerade nicht innerhalb seiner eigenen Psyche statt oder ist er sich dessen nicht bewusst, dann lässt es nicht lange auf sich warten und der Widerspruch entsteht in der Psyche eines anderen Menschen, um ihm von dort aus entgegenzutreten. Er kann so weder Frieden noch Ruhe finden und wird innerlich zu einem rastlosen Vagabunden auf der Suche nach einer Bleibe und einer Identität. Weil er in seiner Psyche aber keine wirklich dauerhafte Bleibe oder Identität findet, nimmt er, um seine Situation erträglicher zu machen, Zuflucht zu etwas, das ihm als Nebenprodukt seines vermehrt anwesenden reflektierenden Bewusstseins mitgegeben wurde, nämlich zu seiner Einbildung. Mit dieser schafft er sich dann eine Scheinidentität. Das heißt, er nimmt einen x-beliebigen Inhalt oder Zusammenschluss von Inhalten seiner Psyche als seine „Identität" oder als sein „Ich" an. Und damit entsteht seine primäre Ideologie vom „Ich" oder „Selbst", auf die all seine folgenden Ideologien aufbauen und ihn in spiritueller Hinsicht versklaven. Weil seine angenommene „Identität" und sein „Ich" nur in seiner Einbildung existieren, kann er diese nur aufrechterhalten, wenn er Widersprüchliches weitmöglichst ausschließt, was aber nur durch eine innere Abschottung und ein großes Maß an Ignoranz möglich wird.

Die Abschottung und Gespaltenheit des einzelnen Menschen spiegelt sich dann auch im Gesamtorganismus der Menschheit wider, indem sich der einzelne Mensch mit gleichgesinnten seiner Art zusammentut, Verbände, Vereine, Parteien, Staaten oder auch Religionen gründet, um in deren Ideologien einen Rückhalt zu finden und um gegen Einzelne oder Gruppierungen mit anderen Ideologien standhalten zu können oder sie auch bis zum Blutvergießen zu bekämpfen.

Die Spaltung seiner Psyche in verschiedene oft widersprüchliche Fragmente, die Schaffung eines imaginären „Selbst" und seine darauf aufbauenden Ideologien bilden sozusagen die Grundlage für all seine Bestialität sowie für seine erbitterten Kämpe und Kriege, die er gegen seinesgleichen führt.

Durch die Bildung einer Psyche im Menschen, die als Brückenglied zwischen sekundärem und primärem Bewusstsein geschaltet ist, entsteht auch ein Phänomen, das sich in einer subjektiven Aufspaltung der Welt in eine Außen- und eine Innenwelt manifestiert. Auf dieses Phänomen werden wir im nächsten Kapitel noch näher eingehen.

Ein anderes nur dem Menschen eigenes Phänomen, das durch die Gespaltenheit seiner Psyche zustande kommt, ist die Tatsache, dass er, im Gegensatz zum Tier, Schuld oder zumindest ein gewisses Unwohlsein empfinden kann, wenn er etwas tut, das anderen Instanzen seiner Psyche widerspricht. Dieses Phänomen kommt zustande, weil er nicht als Ganzes oder als Einheit, sondern immer nur als Fragment handeln kann.

Wir dürfen daraus aber nicht den Trugschluss ziehen, er würde immer dann als Ganzheit handeln, wenn er dabei weder Schuld noch Unwohlsein empfindet. Dies geschieht entweder aus Ignoranz durch mangelndes, reflektierendes Bewusstsein wie bei einem Tier, oder aber er handelt, wenn auch als Teil, wirklich in Übereinstimmung mit dem Ganzen. Ein komplexer Sachverhalt, der noch komplexer wird, wenn wir hier noch die Frage des Gewissens mit hereinnehmen:

Die Gespaltenheit des Menschen in Verbindung mit der Anwesenheit von einer gewissen Menge an reflektierendem Bewusstsein bildet die Grundlage eines *echten* Gewissens, das alle widersprüchlichen Instanzen beim Handeln mit einbezieht und bei einem Zuwiderhandeln, das einer Übereinstimmung mit dem Ganzen widerspricht, zu sogenannten „Gewissensbissen" führt.

Demgegenüber steht aber auch ein *falsches* Gewissen, das durch anerzogene, konditionierte, psychische Instanzen entsteht und dann in Erscheinung tritt, sobald eine Handlung, ein Gedanke oder ein Empfinden einer anerzogenen Instanz widerspricht, welche den Menschen dann quält.

Ein dem Gewissen ähnliches Phänomen, das ebenfalls nur dem Menschen eigen ist und durch die Anwesenheit einer gewissen Menge an freiem, reflektierendem Bewusstsein zustande kommt, ist das vage und manchmal auch klare Empfinden, verknechtet oder unterjocht zu sein. Und zwar ist mit diesem Empfinden nicht das Unterjocht- oder Verknechtet Sein unter einem strengen Führer, Vorgesetzten oder Arbeitgeber usw. gemeint, sondern es geht hier um das Empfinden, ein Bediensteter der Natur und dieser unterjocht zu sein. Ein solches Empfinden kann aber erst dann in einem Menschen entstehen, wenn seine Bewusstseinsentwicklung schon so weit fortgeschritten ist, dass sich bereits gewisse Quanten seines sekundären Bewusstseins aus der Form- und Strukturgebundenheit gelöst haben. Ansonsten wird dieses Empfinden des Verknechtet Seins, wie wir es überall beobachten können, auf die äußeren Umstände, auf Machthaber, Vorgesetzte und politische Systeme projiziert, was dann zu allen möglichen Aufständen, Rebellionen, Revolutionen und natürlich auch wieder zu Kriegen jedweden Ausmaßes führt.

Doch das Empfinden, der Natur, den eigenen Instinkten, Trieben, emotionalen Gegebenheiten und

Ideologien verknechtet und unterjocht zu sein, weist in eine andere Richtung. Es kann nämlich den ersten Impuls für einen Aufbruch zur wahren Freiheit und für einen damit verbundenen inneren Transformationsprozess schaffen.

Der Mensch ist also auch in der Hinsicht zweigeteilt, dass er auf der einen Seite ein nach Freiheit drängendes Bewusstsein besitzt und auf der anderen Seite gleichzeitig die Belange der Natur erfüllen muss, die vorwiegend aus der Selbst- und Arterhaltung bestehen, um die oberste Transformationsebene des Organs Menschheit innerhalb des Kreislaufs des Bewusstseins aufrechtzuerhalten. Er ist sozusagen den tierischen Instinkten und Trieben seines Organismus unterworfen, während sein Bewusstsein nach Freiheit drängt.

Damit die Aufrechterhaltung der menschlichen Transformationsebene im Gesamtorganismus des Lebens oder im Kreislauf des Bewusstseins gesichert ist, sind die tierischen Instinkte und Triebe der Selbst- und Arterhaltung dem menschlichen Organismus sozusagen als *unwiderstehliche* Impulse, denen er sich beugen muss, eingepflanzt. Dieses sich den eingepflanzten, natürlichen Impulsen Beugen Müssen, steht im Widerspruch zu dem nach Freiheit drängenden Bewusstsein.

Nebenbei sei hier noch bemerkt, dass sowohl bei der Auslösung der im menschlichen Organismus eingepflanzten, unwiderstehlichen, natürlichen Impulse, die meist in einem sexuellen Begehren münden, als auch bei der Reproduktion und Aufzucht der Art das Weibliche eine Hauptrolle spielt. Aus diesem Grund wird das Weibliche seit Urzeiten mit den tierischen Trieben als auch mit den tierischen Instinkten in Verbindung gebracht und zählt als Repräsentant derselben. Und wie immer wird diese Tatsache vom gespaltenen nach außen gerichteten Menschen, der den „Feind", das „Böse" oder den „Teufel" immer außerhalb von sich selber sucht, fehlgedeutet. Aus dieser abergläubischen Fehldeutung entstehen dann die frauenfeindlichen Ideologien vieler Religionen und Gesellschaftsformen sowie das Zölibat der katholischen Kirche und des Mönchtums. Die eigenen Schwächen, den tierischen Trieben und Instinkten nicht standhalten zu können, werden nach außen auf Andere – in diesem Fall auf die Frauen – projiziert, die dann als Sündenbock dienen und dafür unterdrückt werden.

Auf der anderen Seite dürfen wir hier aber nicht den Trugschluss ziehen und glauben, der Mensch der sogenannten „freiheitlicheren" Gesellschaftsformen befände sich in einer besseren Lage. Denn hier wird, wie wir es tagtäglich erleben können, alles sexualisiert und der Mensch bleibt trotz seiner vermeintlichen „hohen Zivilisiertheit" dennoch auf der Stufe eines Tieres stehen. Weil sich der Mensch in diesen „freiheitlicheren" Gesellschaftsformen „frei" fühlt, obwohl er seinen eingepflanzten unwiderstehlichen Impulsen immer wieder erliegt, wird sein sekundäres Bewusstsein nicht den Drang nach spiritueller Freiheit verspüren und er wird genauso wie der Mensch einer repressiven Gesellschaftsform ein geteiltes, gespaltenes Wesen bleiben. Die Einen werden mehr nach Herrschaft über andere, die Anderen mehr nach Lustgewinn sterben. Aber beide werden geteilte, unvollständige Menschen bleiben.

Um ungeteilte und vollständige Menschen zu werden, müssten sie die Hürden, die zwischen ihnen und dem primären Einen Bewusstsein liegen, durch Selbsterkenntnis und bewusste Anstrengungen überwinden.

Als gespaltenes, geteiltes Wesen kann der Mensch zwar seine ihm von der Natur auferlegten Aufgaben der Reproduktion und der Selbsterhaltung erfüllen, aber nicht seine eigentliche Aufgabe als Mensch, nämlich sein sekundäres, gebundenes Bewusstsein in ungebundenes, primäres Bewusstsein zu transformieren. Weil der Mensch diese Aufgabe auf der obersten Transformationsebene scheinbar nur unvollständig erfüllt, erklärt sich daraus auch die rasch fortschreitende

Vergrößerung des Organs Menschheit oder die Überbevölkerung des Planeten. Denn wie wir bei unserem eigenen physischen Organismus beobachten können, kommt es immer dann zu einer krankhaften Vergrößerung eines Organs, wenn es seine Funktionen nur noch unvollständig erfüllt. So vergrößert sich beispielsweise unsere Schilddrüse, wenn ihre Hormonproduktion nicht mehr ausreicht, unser Herz, wenn seine Pumpleistung nicht mehr ausreicht, oder unsere Leber, wenn sie die zugeführten Stoffe nicht mehr adäquat verstoffwechseln kann usw.

Hinsichtlich der Erfüllung der kosmologischen Aufgabe des Menschen innerhalb des Kreislaufs des Bewusstseins, nämlich sekundäres Bewusstsein in primäres Bewusstsein zu transformieren, versagen sowohl die repressiven und die sogenannten „freiheitlichen" Gesellschaftsformen, als auch die allermeisten Religionen, die, nebenbei bemerkt, vorwiegend auf repressiven Systemen beruhen. Repressionen oder ein sich Ersäufen in tierischen Instinkten und Trieben können und werden die Probleme des Menschen niemals lösen. Nicht Repression oder Genusssucht sind die Lösung, sondern *Transformation*.

Das Versagen von Gesellschaftsformen und Religionen, einen solchen Transformationsprozess in Gang zu setzen, ist unvermeidlich, weil dieser nur im Inneren des einzelnen Individuums stattfinden kann. Für das soziale Zusammenleben mögen die verschiedenen Gesellschaftsformen und Religionen ihren Zweck erfüllen und auch ihre Berechtigung haben, aber für die Transformation des Menschen sind sie eher hinderlich als fördernd, zumindest wenn der Mensch blind an sie glaubt und sie zu seiner eigenen, rigiden, unumstößlichen Ideologie macht. Transformation benötigt nämlich einen weiten Horizont und die Fähigkeit die eigenen Anschauungen in Frage zu stellen.

Ein anderes Thema, zu dem hier noch Stellung genommen werden soll, ist die Tatsache, dass die meisten Menschen auf der einen Seite der Brücke, die sich als Psyche zwischen ihrem tierischen Organismus und dem primären Bewusstsein spannt, hängenbleiben, ohne jemals das andere Ufer zu erreichen, das heißt, ohne jemals ihre wahre Aufgabe als Mensch anstatt als Tier erfüllen zu können.

Der Grund dieses Geschehens liegt zum einen darin, dass die Natur den Menschen, ohne sein eigenes Zutun, im Gesamtorganismus des Lebens nur bis zu einem bestimmten Punkt entwickeln kann. Das heißt: Die Natur kann dem Menschen, ohne dass er selbst bewusst etwas dazu beitragen muss, einen tierischen Organismus mit einem hochkomplexen Nervensystem und besonderen Gehirnstrukturen bereitstellen.

Durch die besonderen Strukturen seines Gehirns werden, ebenfalls ohne sein Zutun, die Anwesenheit eines gewissen Maßes an reflektierendem Bewusstsein, die Bildung einer Psyche und intelligentes Handeln möglich. Die Möglichkeit einer Transformation von sekundärem oder gebundenem Bewusstsein in primäres oder ungebundenes Bewusstsein hingegen ist dem Menschen nur als inaktives Potenzial gegeben. Und dieses Potenzial kann nicht von der Natur, das heißt von seinem tierischen Organismus aktiviert werden, sondern nur durch *bewusste* Anstrengungen von Seiten des Menschen selbst.

Und zum anderen besitzt der natürliche Mensch von Natur aus keinen Zug Punkt, keinen Antrieb, keine Motivation dieses Potenzial zu aktivieren und zu verwirklichen. Sein Schwer- und Zug Punkt liegt nämlich mehr in den tierischen Instinkten und Trieben sowie in den von diesen Instinkten und Trieben gefärbten psychischen Inhalten und Bestrebungen nach Wissen, Macht, Herrschaft, Besitz, Expansion, Wunscherfüllung, Genuss und Lustgewinn.

Diese beiden Gegebenheiten, dass ihn die Natur alleine nur bis zu einem bestimmten Punkt oder bis zu einer bestimmten Ebene innerhalb des Kreislaufs des Bewusstseins entwickeln kann und dass er von Natur aus keinen Schwer- und Zug Punkt im primären

Bewusstsein besitzt, sind Gegebenheiten, die vom Menschen selbst weder gewünscht, gewollt, noch verursacht werden. Und diese beiden Gegebenheiten bilden auch die Grundlagen für seine Stagnation in einer schrecklichen Situation.

Wenn wir seine Situation hier noch einmal bildlich verdeutlichen, dann ist der Mensch eine Brücke zwischen zwei Ufern. In der Mitte dieser Brücke befindet sich eine Mauer, die ihm die Sicht auf die andere Seite versperrt und nur schwer zu überwinden ist.

Auf der diesseitigen Seite der Mauer ist der Mensch ein geteiltes, von seinen eingepflanzten tierischen Instinkten und Trieben sowie von seinen Ideologien und Anschauungen verknechtetes, notleidendes Wesen. Sein Notleiden versucht er durch Genuss-, Hab- und Herrschsucht, als auch durch Einbildungen aller Art zu kaschieren und vor sich selbst zu verbergen. Hier, auf dieser Seite der Brücke, lebt er in einer Welt der getrennten, sich bekämpfenden Gegensätze.

Indem er sein Notleiden durch Ausbeutung und durch die Vernichtung Anderer, durch Kampf und Krieg zu verringern sucht, erreicht er oft nur das Gegenteil und schafft noch größere Not und größeres Elend. Weil ihm der Zugang zur anderen Seite der Brücke und damit zum anderen Ufer, wo sein primäres, geeintes Bewusstsein liegt, von seiner Natur her verwehrt ist, bleibt er an seinen tierischen Instinkten und Trieben sowie an seinen Ideologien haften. Mit der Folge: dass es zu einer unkontrollierten Reproduktion seiner Art und damit auch zu einer unaufhaltsamen, krankhaften Vergrößerung des Organs Menschheit, das heißt, zu einer Überbevölkerung des Planeten kommt, was seine Lage in zunehmendem Maße noch weiter verschlimmert. Weitere unbeherrschbare Hungersnöte, Naturkatastrophen, Krankheiten, Kriege, Not und Leiden aller Art, und letztendlich auch die Zugrunde Richtung des Planeten werden die Konsequenzen davon sein. Wenn wir die Überbevölkerung mit dem Kreislauf des Bewusstseins in Zusammenhang bringen, dann können wir deren Ursache auch im Folgenden sehen:

Der Kreislauf des Bewusstseins strebt als autonomer Prozess nach Vollendung. Weil das Organ Mensch nicht genügend sekundäres Bewusstsein in Primäres transformiert, entsteht am oberen Ende des Kreislaufs eine Lücke, die der Kreislauf durch eine höhere Anzahl von Menschen zu überbrücken versucht. Dabei geht es nicht darum, dass mehr Menschen leben, sondern es geht darum, dass mehr Menschen sterben. Denn beim Sterben eines Menschen werden gewisse Mengen an sekundärem und formgebundenem Bewusstsein aus der Form befreit, wodurch ein Teil davon wieder in den primären Urgrund eingehen und den Kreislauf schließen kann, während ein anderer Teil in neue Verkörperungen oder Formen einfließt. So gesehen ist der Kreislauf des Bewusstseins ein Demiurg, der seine eigenen Kinder frisst. Der Mensch wird dabei zum Schlachtvieh, das gezüchtet wird und sterben muss, um den Demiurgen zu ernähren. Dies ist neben der ideologischen Versklavung, die existenzielle Versklavung des Menschen, aus welcher dann beispielsweise Ideologien wie „Seid fruchtbar und mehret euch" entstehen.

Im Umkehrschluss bedeutet das Ganze aber auch, dass der Mensch diesem Demiurgen helfen kann, das Übel zu verringern, indem er bewusst schon zu Lebzeiten durch Kontemplation und Meditation, sekundäres Bewusstsein in primäres transformiert. Würde nämlich am oberen Ende des Kreislaufs des Bewusstsein genügend freies Bewusstsein vorhanden sein, um die Lücke zwischen sekundärem und primärem Bewusstsein zu schließen, dann könnte die Anzahl der Menschen, die im Dienste des Demiurgen todgeweiht sind, herunterreguliert werden, was sowohl das Leiden und die Not des Menschen verringern, als auch die Zugrunde Richtung des Planeten aufhalten würde. Denn Überbevölkerung bedeutet mehr Leid, mehr Not, mehr Kampf, mehr Krieg, mehr Ausbeutung und mehr Tod.

Doch nun zurück zu unserem bildlichen Gleichnis:

Auf der anderen Seite der Mauer liegt das primäre, geeinte Bewusstsein. Hier liegt die Welt der Einheit alles Seienden, der „Eine Gott", das „Paradies", das „Himmelreich", das alle etablierten Religionen erhoffen und anstreben. Aber auch diese versagen, wenn es um die Überwindung der Mauer geht, die zwischen der Welt der polarisierten Gegensätze und der Welt der Einheit steht. Und sie versagen deshalb, weil sie in der Welt der getrennten Gegensätze zum Politikum geworden und jetzt selbst Teil dieser Welt sind. Mag sein, dass ihre Gründer noch eine *echte* religiöse Instanz besaßen, einen Zugang zur Welt des primären Bewusstseins gefunden hatten und versuchten ihr Wissen und den Weg dorthin für andere aufzuzeigen. Mag sein, dass manche Einzelne durch sie auch den Weg dorthin gefunden haben. Aber die Masse wird den Weg dorthin nicht finden. Denn, wann immer etwas aus der Welt der Einheit in die Welt der polarisierten Gegensätze transferiert wird, wird es von der Masse verfälscht, in Teile zerpflückt, darüber gestritten und für Eigeninteressen benutzt oder missbraucht. Und umgekehrt, wann immer etwas aus der Welt der polarisierten Gegensätze in die Welt der Einheit transferiert wird, löst es sich als Gegensatz auf und wird zu einer harmonisch zusammenfunktionierenden Ganzheit.

Allein der Kontakt des Menschen zu diesem anderen Ufer, der Welt des primären Bewusstseins würde vieles ändern. Er würde wissen, dass seine Gegenüber ebenfalls Teile dieses primären großen Ganzen sind und er würde Mitgefühl für das in ihnen anwesende sekundäre, zurück zu seinem Urgrund strebende Bewusstsein empfinden. Und aus diesem Mitgefühl heraus könnte er auch keine Gräueltaten begehen. Er wäre das, was er als *wahrer Mensch* sein sollte.

Wie nun aber diese trennende und schwer zu überwindende Mauer überwunden oder geöffnet werden soll, damit der Mensch wirklich *Mensch* werden kann, ist eine andere Frage. Aus spirituellen Kreisen hört man, die Welt könne ein friedlicherer Ort werden, wenn eine bestimmte Anzahl von Menschen den Kontakt zum primären Bewusstsein herstellen würden. Dann stellt sich aber die Frage: Wie sollen genügend einzelne Individuen, welche einem oft von Hybris gekennzeichneten sekundären Bewusstsein ideologisch verhaftet sind, dazu gebracht werden, sich auf den Weg zu diesem anderen Ufer jenseits der schwer zu überwindenden Mauer zu machen? Denn auf ihnen ruht die einzige Hoffnung, die das Organ Menschheit auf unserem Planeten noch hat. Und um sich überhaupt erst auf den Weg zum anderen Ufer zu machen, benötigt der Mensch einen Antrieb und einen Anziehungspunkt, etwas das ihn dorthin treibt und zieht.

Die etablierten Religionen haben versucht dem Menschen durch *Furcht* vor „Höllenstrafe" einen Antrieb, und durch *Gier* nach einem versprochenen „Paradies" oder „Himmelreich" einen Anziehungspunkt zu geben und sind gescheitert. Denn Furcht und Gier spielen sich auf der diesseitigen Seite der Mauer ab. Und weil die „Gläubigen" dieser Religionen glauben, auf dem richtigen Weg zu sein, erfahren sie eine gewisse Art der Selbstberuhigung und können genauso weitermachen wie bisher. Auf diese Weise wird ihre Religion im wahrsten Sinne des Wortes zum „Opium für das Volk".

Eine andere Möglichkeit wäre die Einsicht des Menschen selbst, wenn sein sekundäres reflektierendes Bewusstsein erkennt, dass es der Natur, den Formen, seinen psychischen Inhalten und seinen Ideologien verknechtet ist, und dass seine wahre Freiheit in einer *spirituellen* Freiheit liegt. Die Einsicht seiner Knechtschaft wäre dann sein Antrieb, und die spirituelle Freiheit wäre sein Anziehungspunkt. Um aber zu solch einer Einsicht zu gelangen, braucht der Mensch ein gewisses Maß an Intelligenz und eine bestimmte Menge freies, reflektierendes Bewusstsein oder zumindest die Fähigkeit, sich über sein Dasein in einer leidvollen

Umgebung zu wundern. Ansonsten wird er seine „Freiheit" im Anhäufen von Besitztümern und im Ausleben seiner tierischen Instinkte suchen.

Gelegentlich können auch bestimmte Grenzerfahrungen, die einem Menschen oft eher zufällig als bewusst gewollt zustoßen, die Mauer kurzfristig öffnen und ihm einen wenn auch nur kurzen Blick ans andere Ufer gewähren. Ein solcher Blick oder solch eine Erfahrung können manchmal seine Haltung dem Leben und sich selbst gegenüber verändern.

Die Auslöser solcher Grenzerfahrungen können schockierende Ereignisse, Nahtoderfahrungen oder manchmal auch bestimmte psychoaktive, bewusstseinserweiternde Substanzen sein. Doch solche Grenzerfahrungen sind keine Garantie dafür, dass der betreffende Mensch danach auch den Weg zu seinem primären Bewusstsein oder seinen Urgrund sucht. Es kann sich nämlich auch eine Entwicklung in die entgegengesetzte Richtung auftun.

Während Manche sich nach solchen Grenzerfahrungen auf den Weg machen, indem sie sich meditativen oder anderen Methoden zur Transformation des Bewusstseins zuwenden, können solche Erfahrungen für Andere, ebensoso wie die etablierten Religionen, auch zum „Opium für das Volk" werden.

Auf die verschiedenen Methoden, die einem Menschen dabei helfen können, sich dem primären Bewusstsein jenseits der Mauer zu nähern, um vielleicht einen Schimmer von der anderen Seite zu erlangen, werden wir in späteren Kapiteln noch näher eingehen. Jedenfalls scheint die Hoffnung sehr gering zu sein, dass jemals genügend Menschen einen Kontakt zum primären Bewusstsein herstellen, um die Welt zu einem friedlicheren und besseren Ort machen zu können.

Selbst wenn sehr viele Menschen einen Kontakt zu ihrem primären Bewusstsein herstellen könnten und in einer friedlichen Gemeinschaftsordnung zusammenleben würden, wie lange würde es wohl dauern, bis ideologisch versklavte Macht- und Habgier Besessene versuchen würden, deren friedliche Form des Zusammenlebens zu zerstören, sie auszubeuten, zu berauben und zu unterdrücken, wie wir es zum Beispiel im Fall Tibets gesehen haben und wie wir es aktuell bei der grausamen Verfolgung von Falun Gong Anhängern in China sehen? Und was wäre mit all den vielen, vielen Notleidenden, oft von ihren eigenen Regierungen oder von Rebellengruppen Unterdrückten und Ausgebeuteten der Weltbevölkerung, die ihr Brot nicht über Nacht haben und ebenfalls nach Macht und Wohlstand streben, wenn sie die Möglichkeit sähen, durch gewaltsame Einwanderung in andere Gebiete und Unterwanderung anderer Volksgruppen ihre Situation zu verbessern? Auch sie würden zum Problem werden, weil es zum einen viel zu viele sind, und zum anderen, weil sie erst die notwendige Reife besitzen müssten, sich den übergeordneten Regeln eines friedlichen Zusammenlebens widerstands- und gewaltlos zu unterwerfen. Das heißt, sie müssten selbst schon einen bestimmten Bewusstseinsgrad erlangt haben, um ein friedliches Dasein zu ermöglichen. Und weil nicht alle Menschen einen gleich hohen Bewusstseinsgrad haben können, wird das immer wieder zu Problemen führen.

Manche Religionen haben dieses Problem mit mehr oder weniger Erfolg durch das Kastenwesen zu lösen versucht. An sich ein guter Ansatz. Aber wie immer blieb der Mensch auch hier seinen tierischen Instinkten, seinen Machtimpulsen und politischen Ideologien verhaftet und begann mit Verachtung auf niedrigere Kasten herabzuschauen und sie für seine Eigeninteressen auszubeuten, bis nicht mehr der Bewusstseinsgrad eines Menschen für die Einstufung in eine bestimmte Kaste maßgebend war, sondern das Establishment. Und dieses *falsche* Kastenwesen ist bis heute in fast allen Gesellschaftsformen anwesend und aktiv. Vordergründig ist man zwar fest davon überzeugt, dass solche „rückständigen" Gesellschaftsformen überwunden seien, aber in Wirklichkeit lebt man nicht nur in einem Kastensystem, sondern wendet es zudem auch noch falsch an.

Jedenfalls können Menschen mit einem hohen spirituellen Bewusstseinsgrad, entweder nur als einzelne Individuen in Gesellschaftsformen jedweder Art wie ein „Wolf im Schafspelz" leben, oder, wenn sich solche Menschen in größerer Zahl zusammentun, in abgeschlossenen Gemeinschaften, zu denen nur Individuen mit einer bestimmten Reife und einem bestimmten Bewusstseinsgrad Zutritt haben.

Nach all dem, was bisher gesagt wurde, stellt sich die Problematik des Organs Menschheit in ihrer Gesamtheit so dar, dass nur eine Höherentwicklung des Bewusstseins, eine einzige mit wirklich *bewussten* Menschen besetzte Weltregierung und eine drastische Reduktion der Weltbevölkerung eine Lösung in Sichtweite rücken könnte.

Bis dahin wird sich auch an der Situation des Organs Menschheit nichts ändern. Gleichgültig, wie viele „Friedensabkommen" der Mensch abschließen und wie viele humanitäre Hilfsorganisationen er auch gründen mag. Die gegenseitige Vernichtung durch Ausbeutung und Kriege wird weitergehen; trotz großer Not und großem Elend werden sich bestimmte Völker wie die Karnickel vermehren; bestimmte Gebiete des Planeten werden zu regelrechten Kriegs-, Leid-, Flüchtlings- und Todesfabriken, die Leichname für den Demiurgen des Kreislaufs des Bewusstseins erzeugen; die Kapazitäten der möglichen humanitären Hilfe werden irgendwann erschöpft sein, aber die Kriegs- und Todesfabriken werden weiter produzieren, bis nur noch Mord und Totschlag die Lösung sein wird und die Weltbevölkerung sich vielleicht auf diese Weise reduziert.

Vielleicht sollte der Mensch in seiner jetzigen Situation ohnehin mehr dem Prinzip der Nichteinmischung folgen. Und zwar sowohl auf der persönlichen als auch auf der politischen Ebene:

Diejenigen, die Diktaturen brauchen, sollen Diktaturen haben, die Demokratien brauchen, sollen Demokratien haben, die einen Kommunismus brauchen, sollen einen Kommunismus haben, die religiöse Führer brauchen, sollen religiöse Führer haben, die eine Priesterordnung brauchen, sollen eine Priesterordnung haben, usw. Und diejenigen, die sich gegenseitig vernichten wollen, sollen sich gegenseitig vernichten. Aber das alles Bitteschön nicht grenzüberschreitend, sondern nur innerhalb des eigenen Gebietes oder der eigenen Grenzen.

Doch um dem Prinzip der Nichteinmischung folgen zu können, bräuchte der Mensch auch hier einen bestimmten Bewusstseinsgrad. Und solange nicht alle diesen Bewusstseinsgrad besitzen, wird ihnen wieder nichts anderes übrigbleiben, als Kriegsmaterialien an ihren Landesgrenzen aufzufahren. Den Rest kann man sich an einer Hand abzählen.

Fast am Ende dieses traurigen Kapitels angelangt, sei hier noch darauf hingewiesen, dass die oft schon zur „Religion" gewordenen und angebeteten „Demokratien" vom Gesichtspunkt der Bewusstseinsentwicklung aus auch ihre Schattenseiten haben, indem sie nämlich zu Diktaturen des Volkes werden. Das bedeutet, die gewählten Regierungsmitglieder können nicht mehr der höheren Vernunft eines entwickelten Bewusstseins – sofern sie überhaupt ein solches besitzen – folgen, sondern sie müssen sich immer dem Diktat des Volkes beugen. Und weil das Volk oder die Masse immer eher den tierischen Instinkten und Trieben als einer höheren Vernunft folgt, sind auch diese sogenannten „Demokratien" früher oder später zum Scheitern verurteilt.

In Anbetracht der geschilderten Gesamtlage können wir *nur* als Einzelne einen Weg suchen, um über die Brücke, die wir selbst sind, zu gehen, ans andere Ufer des primären Bewusstseins zu gelangen und dem Schrecken zu entfliehen.

Zusammenfassend können wir sagen:
Die Situation des Menschen auf der obersten Transformationsebene des Lebens innerhalb des Kreislaufs des Bewusstseins wird durch die Gespaltenheit seiner Psyche und dadurch, dass seine Psyche eine Brücke ist, bestimmt. Solange er nur auf der einen Seite dieser Brücke verweilt und nicht ans andere Ufer überwechselt, wird sich auch an seiner schrecklichen Situation nichts ändern. Das bedeutet: Wenn er dieser schrecklichen Situation entkommen will, muss er über die Brücke gehen, indem er sich selbst überwindet, das heißt, indem er seine naturgegebene Psyche und seine tierischen Instinkte überwindet, um zu seinem primären Einen Bewusstsein zu gelangen. Diese Selbstüberwindung wird sein spiritueller Kampf und sein Transformationsprozess sein. Eine bewährte Methode, um einen solchen Transformationsprozess anzustoßen, ist die Kontemplation, im Sinne einer Widerspiegelung der Gegebenheiten, in Verbindung mit Meditation, im Sinne des Verweilens in der Stille.
Im Anhang dieses Buches wird der Leser Näheres über diese und andere Methoden finden.

Vom Übertritt in die wirkliche Welt

Durch seine subjektive und beschränkte Wahrnehmung über seine Sinne und durch seine psychischen Gegebenheiten, nimmt der Mensch die Dinge nicht so wahr, wie sie wirklich sind, sondern immer nur verzerrt und bruchstückhaft. Er sieht also nur minimalste Ausschnitte der Wirklichkeit. Selbst wenn er unseren Planeten und alles, was sich in dessen Inneren und auf seiner Oberfläche abspielt, vollständig sehen könnte, wäre es in Relation zu unserem Sonnensystem auch nur ein minimalster Ausschnitt. Und in Relation zu unserer Galaxie, wäre es Garnichts.

Weil aber alles mit allem zusammenhängt, können wir uns das gesamte Universum zumindest als etwas vorstellen, das aus mehr oder weniger verdichteter Materie mit höheren oder niedrigeren Schwingungsgraden besteht. Das wird verständlicher, wenn wir annehmen, dass Materie nichts Anderes als verdichtete Energie ist. Je höher die Dichte der Materie ist, umso mehr ist die Energie gebunden und umso geringer ist ihre Schwingungsrate. Je geringer die Dichte der Materie ist, umso freier ist die Energie und umso höher ist ihre Schwingungsrate. Wenn wir zum Beispiel Wasser erhitzen, führen wir ihm Energie zu, die Moleküle beginnen in höheren Schwingungsraten zu schwingen und der Dichtigkeitsgrad verringert sich, bis es verdampft. Und umgekehrt, wenn wir ihm durch Kälte Energie entziehen, nimmt die Schwingungsrate der Moleküle ab und der Dichtigkeitsgrad nimmt zu, bis es zu Eis gefriert.

Wir können uns den großen Kosmos also als ein unermesslich großes Aggregat mit unterschiedlichen Dichtigkeitsgraden und Schwingungsraten an verschiedenen Stellen vorstellen, in welchem eine ständige Transformation von Stoffen vor sich geht. Diese ständigen Transformationsprozesse erfolgen von niedrigen Dichtigkeitsgraden mit hohen Schwingungsraten in hohe Dichtigkeitsgrade mit niedrigen Schwingungsraten und umgekehrt. Oder anders ausgedrückt: Die Transformationsprozesse erfolgen vom Feinen zum Groben und vom Groben zum Feinen. Weil auch im einzelnen Menschen solche auf- und absteigenden Transformationsprozesse vor sich gehen, wird der Mensch als Mikrokosmos bezeichnet. Und weil in ihm auf der obersten Transformationsebene die Transformation von gebundenem, sekundärem Bewusstsein in ungebundenes, primäres Bewusstsein stattfindet, bildet sich seine Psyche als Brückenglied zwischen diesen beiden Bewusstseinszuständen. Dieses Brückenglied, das wir als Psyche bezeichnen, enthält sowohl geformte Inhalte wie Haltungen, Einstellungen,

Meinungen, Vorstellungen, Ideologien, Gefühle und Gedanken, welche allesamt sekundäres Bewusstsein beinhalten, als auch geringe Anteile von ungebundenem, reflektierendem, primärem Bewusstsein.

Das an geformte Inhalte gebundene, reflektierende Bewusstsein wird durch die entsprechenden Inhalte in seiner Wahrnehmung so weit eingeschränkt, dass es den Inhalt, an den es gebunden ist, als „Ich" und als von anderen Dingen abgegrenzt oder unterschieden wahrnimmt.

Durch diese unterscheidende Wahrnehmung von Grenzen und unterschiedlichen Dingen entstehen für den Menschen seine subjektive „Innenwelt" mit seinem subjektiven „Ich" und seine „objektive Außenwelt", die seinem subjektiven „Ich" entgegensteht und daher als *gegen*ständlich bezeichnet wird.

Weil das sogenannte „Ich" des Menschen durch die eingeschränkte, subjektive Wahrnehmung des an Formen gebundenen, reflektierenden Bewusstseins zustande kommt, wird dieses subjektiv wahrgenommene „Ich" aus spiritueller Sicht auch als etwas Illusionäres bezeichnet. Es ist lediglich in der Vorstellung oder in der Einbildung des Menschen vorhanden.

In seiner subjektiven „Innenwelt" lebt der Mensch in und mit den Inhalten seiner Psyche. Dabei fluktuiert sein reflektierendes Bewusstsein ständig zwischen

den verschiedenen und oft auch gegensätzlichen Inhalten seiner Psyche. Deshalb kann er sowohl ein her-
zensguter, liebevoller Mensch sein als auch sich im
nächsten Moment zu einer skrupellosen Bestie wandeln. Er kann lieben, hassen, sich ärgern, wütend, traurig, ängstlich, aufgeregt, unzufrieden, besonnen, ruhig, heiter, froh und glücklich, usw. sein, und das im
ständigen Wechsel. Weil immer der gerade im Vordergrund stehende aktive psychische Inhalt sein reflektierendes Bewusstsein bindet oder in Besitz nimmt, empfindet er diesen gerade aktiven Inhalt als sein „Ich".
Die anderen, gerade passiven Inhalte verschwinden
meist aus seinem Wahrnehmungsfeld und tauchen in
sein Unterbewusstsein ab. Nur gelegentlich, wenn sein
reflektierendes Bewusstsein ein wenig freier wird,
kann er rückschauend feststellen, dass er vorher ein
anderer war als der, der er in diesem Moment ist. Aber
das aus seinen verschiedenen psychischen Inhalten
bestehende Rad dreht sich weiter, bis wieder ein anderer Inhalt aus seinem Unterbewussten aufsteigt und
sein reflektierendes Bewusstsein auch wieder vollständig verschlingt. Dann glaubt er wieder zu wissen,
was, wie und wer er ist, oder was sein „Ich" ist. Es ist
aber immer nur sein Glaube oder sein Empfinden,
nicht aber seine Wirklichkeit.

Seine Wirklichkeit und die wirkliche Welt kann er nur

dann erkennen, wenn sich sein reflektierendes Bewusstsein über seine psychischen Inhalte erhebt und diese Inhalte als Objekte erkennt, wie eben einen Tisch, einen Stuhl oder auch ein anderes Lebewesen. Ansonsten wird er seinen Ideologien sowie dem sich drehenden Rad seiner psychischen Inhalte verhaftet bleiben und weiter von seinem sogenannten „Ich" träumen.

Wenn er aber seine psychischen Inhalte einschließlich seiner Gedanken und Gefühle als Objekte betrachten kann, dann wird auch seine sogenannte „Innenwelt" für ihn zur „Außenwelt".

Der einzige Unterschied zwischen den gegenständlichen Objekten wie Häuser, Bäume oder Lebewesen und den psychischen Objekten wie Gedanken, Ideologien, Haltungen, Emotionen und Gefühlen, usw., wird in deren Dichtigkeitsgraden und in ihren Schwingungsraten liegen. Aber sie werden zu einer einzigen objektiven Welt gehören. Gegenstände werden einen höheren Dichtegrad und eine niedrigere Schwingungsrate besitzen, Organismen werden einen niedrigeren Dichtegrad und eine höhere Schwingungsrate aufweisen und psychische Objekte einen noch niedrigeren Dichtegrad und eine noch höhere Schwingungsrate.

Das reine ungebundene und reflektierende Bewusstsein wird dieser objektiv Einen Welt aber noch so lange als Subjekt gegenüberstehen, solange es noch in einzelne Objekte dieser Welt, gleichgültig ob physischer oder psychischer Natur, hineingezogen, an sie gebunden und ihnen unterworfen werden kann. Denn auf dieser Stufe seines Transformationsprozesses erreicht das gebundene, unterworfene Bewusstsein den Zustand der Ungebundenheit nur sporadisch und unterliegt immer wieder der Zugkraft von einzelnen psychischen und organischen Instanzen oder Prägungen. Aber wenn es diese Ungebundenheit und objektive Betrachtung der Welt – wenn auch nur für einen einzigen Augenblick – erst einmal erlebt hat, dann wird es seine Richtung kennen und kann durch bewusste Arbeit den Transformationsprozess zum primären Bewusstsein fortsetzen.

Die bewusste Arbeit wird dann darin bestehen, für das sekundäre Bewusstsein einen Zug- und Sammelpunkt im leeren Raum zu schaffen, welcher den Zugkräften einzelner psychischer und organischer Instanzen gegenübersteht. Dadurch kommt es zu einem Gleichgewicht der Kräfte, wodurch sich der Weg zur spirituellen Freiheit, zum Übertritt in die wirkliche Welt, zum primären Bewusstsein und zu unserem ewigen Urgrund ebnet. Mit „leeren Raum" ist in diesem Zusammenhang der Raum oder Zwischenraum zwischen den Dingen und zwischen den psychischen Inhalten wie

Gedanken, Gefühlen und Emotionen usw. gemeint. Und wenn wir alle Dinge, seien es Kosmen, Galaxien, Sterne, Planeten, Moleküle, Atome, kleinste Bestandteile von Atomen, oder psychische Inhalte usw., als Wesenheiten betrachten, dann liegt dieser „leere Raum" zwischen den Wesenheiten.

Für ein besseres Verständnis der im Menschen stattfindenden Höhertransformation von Stoffen und der kritischen Übergangsphase vom sekundären zum primären Bewusstsein auf oberster Transformationsebene soll dieser Prozess hier noch ein wenig deutlicher beleuchtet werden:

Der Transformationsautomat, den wir Mensch nennen, verfügt über die Fähigkeit aufgenommene Nahrung zusammen mit Atemluft und Sinneseindrücken zu Gedanken, Emotionen und Gefühlen als auch zu reflektierendem Bewusstsein zu transformieren. Das reflektierende Bewusstsein ist sozusagen der feinste Stoff oder der Stoff mit der geringsten Dichte und der höchsten Schwingungsrate, den der menschliche Organismus durch die Höhertransformation von Stoffen freisetzen kann.

Durch seine hohe Schwingungsrate und seiner geringen Dichte ähnelt dieser Stoff in bestimmtem Maße dem primären, allgegenwärtigen Bewusstsein, das am obersten Rand der menschlichen Psyche beginnt. Aus der Ähnlichkeit mit dem allgegenwärtigen, primären Bewusstsein, bezieht das reflektierende Bewusstsein seine Fähigkeit, zwischen verschiedenen psychischen und organischen Instanzen zu fluktuieren, um abwechselnd die Form einer dieser Instanzen anzunehmen.

Dabei müssen wir verstehen, dass es beim Übergang von einer zu einer anderen Instanz, oder in der Lücke zwischen zwei Instanzen, für einen kaum wahrnehmbaren Augenblick zum *reinen* und *ungebundenen*, reflektierenden Bewusstsein wird. Aufgrund der Kürze dieses Augenblicks ist der Mensch alleine von seiner Natur her aber nicht in der Lage, jemals einen objektiven Blick auf die wirkliche Welt zu werfen. Er sieht die Welt immer nur durch die Form, die sein Bewusstsein gerade angenommen hat, beschränkt und eingefärbt. Und hier, in der Übergangslücke zwischen den Formen, liegt auch der schmale Pfad, der vom sekundären, reflektierenden Bewusstsein zum primären Bewusstsein führt.

Wenn der Mensch diesen Pfad beschreiten will, muss er die Lücke verlängern, die beim Überwechseln des Bewusstseins zwischen den verschiedenen psychischen oder organischen Instanzen entsteht. Er muss also *willentlich*, *absichtlich* und *bewusst* in die natürlichen Abläufe innerhalb seiner Psyche eingreifen, um diese vorübergehend zu stoppen. Wie er dies bewerkstelligen kann, wird in späteren Kapiteln näher erläutert.

Sobald Übergangslücke zwischen den Formen bis zu einem gewissen Maß ausgedehnt oder verlängert wird, kann das reflektierende Bewusstsein einen objektiven, anfangs auch nur kurzen Blick auf die gegenständliche Welt, die jetzt auch seine psychischen Inhalte umfasst, werfen.

Auf dieser Transformationsstufe bleibt das jetzt ungetrübte, reflektierende Bewusstsein aber immer noch als Subjekt von der objektiven, psychophysischen, wirklichen Welt, auf die sich sein Fokus richtet, getrennt und kann immer wieder dem Sog einzelner psychischer Inhalte erliegen.

Hat es aber diese Transformationsstufe des reinen ungetrübten Betrachtens erreicht, fehlt nur noch ein kleiner Schritt, um selbst zum primären Bewusstsein transformiert werden zu können. Und dieser Schritt besteht darin, den Fokus, der jetzt noch nur auf die objektive Welt gerichtet ist, gleichzeitig auch auf sich selbst, das heißt, auf den leeren Raum, den es in sich birgt, zu richten. Weil dieser leere Raum alles umfasst und durchdringt, löst es sich als Subjekt auf und wird selbst zum Ganzen.

Kein Subjekt und kein Objekt mehr, kein „Ich" und kein „Du" mehr, kein Außen und kein Innen mehr. Die Welt der getrennten Gegensätze hat sich aufgelöst. Alles ist zur Einheit geworden.

Wenn wir diesen Zustand erreichen, wird er solange wir leben sicherlich nicht dauerhaft, sondern immer nur vorübergehend sein. Denn solange wir noch Dinge in der Welt der polarisierten Gegensätze zu tun haben, und wenn es auch nur so viel ist, dass wir unser Täglich Brot verdienen müssen, werden wir in diese Welt herabsteigen und diesen Zustand auch immer wieder verlieren müssen. Doch selbst wenn das so ist und wir diesen Zustand einmal erfahren haben, werden wir wissen, dass er im Hintergrund immer da ist, und wenn wir eines Tages sterben, dass er auch unser Ende sein wird. Vorausgesetzt natürlich, dass wir den Zustand des Ungebunden Seins im Augenblick unseres Todes aufrechterhalten können. Denn unser Tod ist auch ein Übergang des Bewusstseins von einer Form oder Instanz zu einer anderen, jedoch im größeren Stil als im Laufe unseres Lebens, und auch hier bei diesem großen Übergang tut sich eine Übergangslücke auf, durch die wir entfliehen können.

Identifikation

Weil Identifikation der Klebstoff oder das Hauptbinde-
mittel ist, wodurch das ursprünglich freie Bewusstsein
an Formen, psychische Inhalte und Ideologien gebunden und versklavt wird, soll an dieser Stelle noch mal
ausführlich auf dieses Thema eingegangen werden.

In Bezug auf die ideologische Versklavung des Menschen bedeutet Identifikation nicht, dass wir irgendeine Sache oder eine Person, indem wir ihr einen Namen geben, als dieses oder jenes identifizieren, sondern es bedeutet, dass das in einer Form, einem psychischen Inhalt oder einer Ideologie eingeschlossene,
sekundäre Bewusstsein sich selbst für das hält, worin
es eingeschlossen oder dem es verhaftet ist.

Das Bewusstsein kann mit allem was es „ich", „mein",
„unser" und „wir" nennt identifiziert sein. Meistens ist
der Mensch mit seinem physischen Körper, seinem
Namen, seiner Persönlichkeit und momentan auftauchenden psychischen Inhalten wie Gedanken, Ideen,
Gefühlen oder Emotionen identifiziert. Er kann sich
aber auch mit Ideologien aller Art, mit Berufsgruppen,
Interessengemeinschaften, politischen Parteien, Religionen, Nationen und vieles mehr identifizieren. Wir
können auch sagen: Womit oder wodurch sich der
Mensch definiert, damit identifiziert er sich. Er kann

sagen „Ich bin Herr oder Frau soundso", „Ich bin ver-
ärgert", „Ich bin ein Mitglied von diesem oder jenem",
„Ich bin Demokrat, Sozialist, Kommunist, Katholik, Is-
lamist" usw. Mit allem, dem er „Ich bin…" voranstellt,
definiert und identifiziert er sich. Identifikation ist die
Grundlage aller Ichhaftigkeit, der Abspaltung vom Urgrund und der Aufspaltung in sich bekämpfende Gegensätze.

Wir können auch sagen: Identifikation ist die Grundlage allen Übels und aller Versklavung, die dem Menschen widerfährt.

Auf der anderen Seite benötigt Identifikation auch ein
gewisses Maß an reflektierendem oder freiem Bewusstsein, weil ohne dieses eine Definition dessen,
was wir zu sein glauben, nicht möglich ist. Ein Tier beispielsweise besitzt dieses Maß an reflektierendem Bewusstsein nicht. Es ist immer ganz das, was es ist und
kann zum Beispiel nicht darüber reflektieren oder
nachdenken, wie es wäre, wenn es nicht so wäre, wie
es ist. Das Bewusstsein eines Tieres kann deshalb auch
nicht zwischen verschiedenen psychischen Instanzen
fluktuieren wie das Bewusstsein des Menschen. Ein
Tier kann sich auch nicht die Frage stellen: „Wer bin
ich?"

Diese Frage kann sich nur der Mensch stellen, weil er

ein gewisses Maß an freiem, reflektierendem Bewusstsein besitzt.

Identifikation ist also auch die Folge eines sich höher entwickelnden Bewusstseins, eines Bewusstseins, das an einem Übergang steht und nicht mehr vollständig das sein kann, worin es eingeschlossen ist oder was es zu sein glaubt. Identifikation ist Teil des Kreislaufs des Bewusstseins und entsteht gesetzmäßig in den oberen Übergangsbereichen. Weil der Mensch in diese oberen Übergangsbereiche hineingeboren wird, muss er auch einen Prozess des sich Identifizieren-Müssens durchlaufen, bevor er sich davon befreien kann. Identifikation ist Ausdruck einer Krise, einer Übergangskrise zwischen gebundenem und ungebundenem Bewusstsein. Freies, ungebundenes Bewusstsein ist nämlich halt- und heimatlos, es ist nirgends und überall, während gebundenes Bewusstsein seinen Halt und seine Heimat in irgendeiner Form, in psychischen Inhalten oder Ideologien hat.

Die Schwierigkeit dieses Übergangs ist dadurch begründet, dass das an Formen gebundene Bewusstsein an seinen Halt oder auch an seine Haltung in einer Form oder einem psychischen Inhalt gewöhnt ist. Aber sobald es durch seine hohe Schwingungsrate auf dieser obersten Transformationsebene aus einer Form oder einem psychischen Inhalt austritt, steht es vor einem abgrundtiefen „Nichts". Nichts woran es sich halten könnte, nichts das ihm einen Rahmen geben könnte, nichts das ihm ein Gefühl der Sicherheit geben könnte. Nicht wissend, dass in diesem „Nichts" sein Ursprung, sein Urgrund und sein primärer Zustand liegen, schwappt es sofort in eine andere Form, in eine andere Haltung, in eine andere Sicherheit über. Jetzt „weiß" es wieder „wer", „was" und „wo" es ist. Es beginnt sich wieder mit dieser neuen Form oder diesem neuen psychischen Inhalt zu definieren und zu identifizieren.

Auf dieser Transformationsebene bedeutet Freiheit Unsicherheit. Und diese Unsicherheit schiebt sich wie ein unüberwindbarer Abgrund zwischen Form und Formlosigkeit, zwischen sekundärem und primärem Bewusstsein, zwischen Knechtschaft und Freiheit.

Um diesen Abgrund zu überwinden und den spirituellen Transformationsprozess fortführen zu können, muss das Bewusstsein von seinen Haltungen und Sicherheiten gewissermaßen *entwöhnt* werden, indem wir so oft wie möglich und immer wieder versuchen, mit Identifikationen jedweder Art zu brechen. Aber das können wir nur, wenn wir ein bestimmtes Mindestmaß an ungebundenem Bewusstsein besitzen, um überhaupt erst zu sehen oder zu reflektieren, dass wir identifiziert sind.

Identifikation ist die Grundlage all unserer Leiden. Mit Identifikationen zu brechen bedeutet dann auch mit unserem Leid zu brechen, oder unsere Leiden zu opfern.

Dazu müssen wir uns selbst beobachten, um überhaupt erst bemerken zu können, dass und womit wir gerade identifiziert sind. Eine solche Selbstbeobachtung kann nicht automatisch und nicht ohne unser Zutun geschehen. Wir dürfen diese Art der Selbstbeobachtung auch nicht damit verwechseln, was wir gewöhnlich als „Selbstbeobachtung" bezeichnen. Nämlich den halbautomatischen Prozess, der dann stattfindet, wenn eine psychische Instanz, mit der wir gerade identifiziert sind, eine andere, die vielleicht vorher aktiv war, beurteilt, kritisiert, ablehnt oder befürwortet. Das ist keine wirkliche Selbstbeobachtung, sondern eher eine Selbstbespiegelung, die Identifikation mehr fördert als verhindert.

Wirkliche Selbstbeobachtung ist die unmittelbare Betrachtung dessen, was gerade in uns vorgeht, und zwar ohne das Betrachtete zu kritisieren, zu rechtfertigen, zu befürworten oder abzulehnen. Denn jede Kritik oder Verurteilung und jede Befürwortung oder Zustimmung würde unser reflektierendes Bewusstsein sofort an den beurteilenden psychischen Inhalt binden und wir wären damit identifiziert, wir wären wieder bei der Selbstbespiegelung gelandet anstatt bei der Selbstbeobachtung.

Wirkliche Selbstbeobachtung können wir am einfachsten über unseren Denkprozess praktizieren, weil während eines Denkprozesses meist ein Mindestmaß an freiem reflektierendem Bewusstsein vorhanden ist und wir dieses freie Maß durch eine *bewusste* Ausrichtung unserer Aufmerksamkeit auf unseren Denkprozess fokussieren können. Das heißt wir richten unsere Aufmerksamkeit einfach auf unser Denken und beobachten wie ein Gedanke nach dem anderen aufsteigt und auch wieder verschwindet, ohne uns einzumischen. Dabei ist es durchaus möglich, dass sich unser begriffliches Denken in ein bildliches umwandelt oder der Denkprozess gelegentlich auch für einen kurzen Moment ganz und gar zum Stillstand kommt, wobei wir nur Leere und Sein empfinden, was uns einen ersten Geschmack von befreitem Bewusstsein geben kann.

Wenn wir auf die beschriebene Weise einen gegebenen Denkprozess beobachten, befindet sich schon ein gewisses Maß an freiem, nicht identifiziertem Bewusstsein außerhalb des momentan aktiven psychischen Inhaltes, der die Gedanken produziert.

Unsere Arbeit oder unser Bemühen sollten dann darin bestehen, den freien nicht identifizieren Teil des

Bewusstseins zu erweitern, indem wir unsere Aufmerksamkeit auf die Leere oder den leeren Raum richten, während wir den Denkprozess weiter im Visier halten. Durch diese doppelte Ausrichtung unserer Aufmerksamkeit schaffen wir gewissermaßen eine Brücke zwischen dem im psychischen Inhalt gebundenen Bewusstsein und dem freien, ungebundenen Bewusstsein im leeren Raum. Die mit dem gegebenen psychischen Inhalt identifizierten Bewusstseinsteile können dann über diese Brücke in den freien Bewusstseinsteil oder in den leeren Raum übertreten. Sie können so aus ihrer Knechtschaft erlöst werden.

Weil wir aber diese Art der doppelten Ausrichtung unserer Aufmerksamkeit nur für kurze Momente aufrechterhalten können und alsbald unbemerkt auch wieder in den Zustand der Identifikation gleiten, gilt auch hier das Sprichwort: „Übung macht den Meister!"

Indem wir immer wieder versuchen die doppelte Ausrichtung unserer Aufmerksamkeit auf den Denkprozess und den leeren Raum so lange wie möglich aufrechtzuerhalten, entwöhnen wir das Bewusstsein nach und nach von seinen Bindungen, seinen Haltungen und seinen Sicherheiten in der Form. Dabei ist das „So lange wie möglich ..." oft leichter zu bewältigen als das „Immer wieder ...". Denn aufgrund unserer

Vergesslichkeit erinnern wir uns nur selten oder meist gar nicht daran, unsere Aufmerksamkeit bewusst und doppelt auszurichten.

Wir müssen uns also auch immer wieder an unser Vorhaben erinnern und uns dazu überwinden, es auch auszuführen. Deshalb sind wir gut beraten, wenn wir uns täglich eine bestimmte Zeit festlegen, um uns für eine halbe bis eine Stunde hinzusetzen und unsere Aufmerksamkeit auf unseren Denkprozess und den leeren Raum auszurichten. Wenn uns dabei unsere bewusste Aufmerksamkeit immer wieder entgleitet, müssen wir sie auch immer wieder durch eine kleine Willensanstrengung zurückholen.

Zusätzlich können wir während unseres alltäglichen Lebens, wann immer wir uns daran erinnern, einen kurzen Moment innehalten und unsere Aufmerksamkeit doppelt ausrichten.

Nach einigem Üben kann dann die Aufmerksamkeit auch dreifach ausgerichtet werden, indem wir zum Denkprozess und dem leeren Raum auch noch unsere Körperempfindung und unsere gegenständliche Umgebung mit hinzunehmen.

Mit etwas Glück kann sich nach längerem Üben gelegentlich ein Zustand einstellen, in welchem unser Bewusstsein frei ist. Dabei kann es sein, dass die Grenzen unseres physischen Körpers aus unserer

Wahrnehmung verschwinden, wodurch die gesamte physische Existenz zu einem einzigen Körper wird und das freie Bewusstsein zum leeren Raum in, um und zwischen den Dingen. Die Welt scheint durchlässig. Sie scheint dann mehr ein Schwingungsfeld als ein Brocken aus harten, undurchlässigen Gegenständen und Materialien zu sein.

Nebenbei bemerkt scheint diese Sichtweise der objektiven Wirklichkeit oder der wirklichen Welt näherzukommen, als es unsere gewöhnliche Wahrnehmung tut. Denn die sichtbaren Gegenstände unserer Welt bestehen mehr aus Raum, als aus fester Materie, wenn wir mit in Betracht ziehen, dass zwischen den Atomkernen und den sie umgebenden Elektronen relativ große Abstände bestehen. Wenn wir unsren Physikern Glauben schenken wollen, dann entspräche bei einem Wasserstoffatom, wenn wir die Größe eines menschlichen Körpers als Maßstab für den Kern nehmen würden, der Abstand zwischen Kern und Elektron etwa 50 Kilometer. Das bedeutet, wenn ein einzelner Mensch der Atomkern wäre, dann befände sich sein Elektron ca. 50 Kilometer von ihm entfernt und dazwischen wäre Raum.

Was wir bezüglich der Identifikation und der Beobachtung unseres Denkprozesses noch wissen sollten, ist folgendes:

Unser Denkprozess wird immer von einem jeweils aktiven psychischen Inhalt bestimmt und gefärbt. Das heißt, ein Denkprozess gehört immer zu einem psychischen Inhalt, mit dem wir gerade identifiziert sind. Sei es eine Stimmungslage, ein Gefühl, eine Emotion, eine Ideologie, eine Haltung, eine Furcht, ein Wunsch oder ein Drang usw. Jedenfalls ist es etwas das wir „Ich" nennen und was unser freies Bewusstsein im Griff hat.

Deshalb ist es auch so schwierig, den oben beschriebenen Zustand des freien Betrachtens aufrechtzuerhalten. Unsere psychischen Inhalte besitzen nämlich eine gewisse Autonomie und Eigendynamik. Deshalb können wir meist auch nicht frei und willentlich über sie bestimmen. Erst ein von Identifikationen befreites Bewusstsein kann dies tun. Solange wir identifiziert sind, bestimmt der Inhalt, wo es langgeht, nicht wir. Wir glauben das nur, weil wir identifiziert sind. Und weil wir identifiziert sind, halten wir den Willen oder den Drang eines aktiven psychischen Inhalts für unseren eigenen.

Durch die Autonomie und Eigendynamik unserer psychischen Inhalte sind wir nicht Herr in unserem eigenen Haus. Zufällige Sinnesreize, Ereignisse und Erinnerungen können vorgeprägte Assoziationsmuster auslösen und bestimmte psychische Inhalte auf den Plan rufen, welche dann unser Erlebnisfeld, unsere Wahrnehmung und unser Handeln bestimmen.

Solche Dinge können erst vom Standpunkt eines befreiten Bewusstseins aus erkannt werden. Ansonsten halten wir uns immer wieder für etwas, das wir in Wirklichkeit nicht sind.

Indem wir die oben beschriebene Methode anwenden und unseren Denkprozess fokussieren, nehmen wir indirekt auch Kontakt zu dem hinter den Gedanken stehenden psychischen Inhalten auf. Dabei bilden unsere Gedanken für das reflektierende Bewusstsein eine Brücke zu dem dahinterstehenden psychischen Inhalt und unsere doppelte Ausrichtung der Aufmerksamkeit auf die Leere und den Denkprozess eine Brücke vom reflektierenden zum primären Bewusstsein. Entlang dieser Bahn kann die Höhertransformation des Bewusstseins stattfinden und wir können die Hoffnung hegen irgendwann doch noch Herr in unserem eigenen Haus zu werden.

Beim Praktizieren dieser Methode mag uns auch auffallen, dass es zu kurzen Stopps in unserem Denkprozess kommt und wir gar keinen klaren, abgegrenzten Gedanken mehr fassen können, sobald wir unsere Aufmerksamkeit darauf richten. Das hat damit zu tun, dass durch die bewusste und aufmerksame Beleuchtung eines Denkprozesses den darin ablaufenden

Gedankenketten das für sie lebensnotwendige Bewusstsein entzogen wird, wodurch es zu Unterbrechungen in den Gedankenketten kommt. Das in diesen Unterbrechungen freiwerdende Bewusstsein wird für einen Augenblick zur reinen Aufmerksamkeit, die auf nichts gerichtet ist. Es wird zum reinen Gewahrsein, dem Tor oder Pass zur spirituellen Freiheit. Leider sind diese Augenblicke, zumindest am Anfang unseres Unternehmens, so kurz, dass wir sie kaum oder gar nicht wahrnehmen können.

Wesenskern und Tektonik des Menschen

Wir können den Menschen als Mikrokosmos mit unserem Sonnensystem vergleichen: Die Sonne entspricht seinem Bewusstsein oder Wesenskern. Reines Bewusstsein ist sein innerstes Wesen, sein Kern, sein Zentrum. Die Planeten und der Asteroidengürtel entsprechen seinen psychischen Inhalten, seiner Tektonik oder seiner sich bewegenden Oberfläche. Und so, wie das Licht der Sonne auf die sie umkreisenden Planeten fällt, so fällt das im Zentrum stehende Bewusstsein auf die psychischen Inhalte eines Menschen. Aber das ist nur im Idealfall so, nämlich wenn ein Mensch sein wahres Menschsein erlangt hat. Doch das Zentrum des Menschen hat sich, warum auch immer, verschoben und in seine Tektonik, das heißt, in seine psychischen Inhalte verlagert. Dadurch hält er die Gesamtheit seiner psychischen Inhalte, die er auch seine Persönlichkeit nennt, jetzt für seinen Wesenskern und positioniert sein sogenanntes „Ich" darin.

Warum der Mensch seine Tektonik oder seine Persönlichkeit für sein Wesen hält, mag wohl daran liegen, dass er auf einem Planeten entstanden ist, welcher der Sonne zwar relativ nahesteht, aber dennoch zur

Tektonik und nicht zum Zentrum unseres Sonnensystems gehört.

So wie sich das mittelalterliche geozentrische Weltbild als falsch und nur in der Vorstellung des Menschen existierend herausstellte, so wird sich mit der Höherentwicklung seines Bewusstseins auch sein jetziges personazentrische Menschenbild als etwas vollkommen Falsches und nur in seiner Einbildung existierend herausstellen. Und so wie das geozentrische Weltbild durch ein heliozentrisches ersetzt wurde, so wird das personazentrische Menschenbild durch ein bewusstseinszentrisches ersetzt werden. Dann wird der Mensch erkannt haben, dass sein Zentrum nicht in der Tektonik oder in seiner Persönlichkeit, sondern im reinen Bewusstsein liegt.

Wenn wir unseren Vergleich des Menschen als Mikrokosmos mit unserem Sonnensystem weiterführen, dann können wir das Bewusstsein auch mit dem Licht der Sonne vergleichen. Denn das Bewusstsein besitzt ähnliche Eigenschaften wie das Licht: Licht an sich ist unsichtbar. Es wird erst dann sichtbar, wenn es auf ein Objekt fällt und reflektiert wird. Ansonsten bleibt es in der Dunkelheit des Raumes, den es ewig durchwandert, verborgen. Wir können Licht als etwas Ewiges bezeichnen, weil es unzählige Lichtjahre von seinem Ausgangspunkt entfernt, immer noch sichtbar ist, auch wenn der Stern, von dem es ausging, schon längst erloschen ist. Einmal freigesetzt, ist es immer da und kann reflektiert, absorbiert, umgewandelt und auch wieder freigesetzt werden. Es verhält sich wie Energie, die sich zwar wandeln kann, aber nie verlorengeht.

Ebenso verhält sich Bewusstsein: Wir können es nur wahrnehmen, wenn es von einem psychischen Inhalt reflektiert wird; oder wir können indirekt darauf schließen, wenn wir intelligente Abläufe und Handlungen in der Natur beobachten oder auch selbst ausführen. Es kann von psychischen Inhalten absorbiert, gebunden, umgewandelt und auch wieder freigesetzt werden. Es ist wie das Licht, ob sichtbar oder unsichtbar, immer da.

In der Tektonik unseres Sonnensystems entstanden, befindet sich der Mensch zunächst in einer Situation, in der fast sein gesamtes Bewusstsein von seiner Tektonik absorbiert wird und dadurch einer ständigen Wandlung, die sich in der Fluktuation seiner psychischen Inhalte zeigt, unterworfen ist.

Weil der Mensch die Gesamtheit dieser Fluktuationen in seiner Tektonik, oder, anders ausgedrückt, seine Persönlichkeit für sein Wesen hält, bleibt sein wirklicher Wesenskern unterentwickelt oder verkümmert so weit, dass er während seines gesamten Lebens nie über die Funktionalität eines Bioautomaten hinausgelangen kann, mag er noch so „hoch gebildet" sein.

Wenn wir vom Wesenskern sprechen, dann meinen wir die Grundessenz oder die Grundsubstanz, aus der ein Mensch besteht.

Wenn wir von Tektonik oder Persönlichkeit sprechen, dann meinen wir das, was sich von seiner Geburt an im Laufe seines Älterwerdens an Bewältigungsstrategien und an Anpassungsmechanismen gegenüber seiner Umgebung und seines sozialen Umfeldes gebildet hat. Die Persönlichkeit besteht aus einem komplexen Konglomerat unterschiedlicher psychischer Inhalte, die durch Überlebenskampf, Erziehung, Konditionierung und Lernprozesse entstanden sind. Sie ist ein strategischer Anpassungsautomat, der all unsere Rollen und Haltungen enthält, die wir in unserem sozialen, beruflichen und privaten Umfeld einnehmen.

Weil all diese Dinge unserem Wesen durch konditionierte Anpassungs- und Verhaltensstrategien aufgesetzt sind, ist die Persönlichkeit nicht mehr als eine Maske, mit der wir der Welt gegenübertreten und hinter der sich unser wahres Wesen verbirgt.

Wir sind meist so stark mit dieser Maske identifiziert, dass wir sie für uns selbst, für unser Wesen, für unsere Grundsubstanz halten, und gleichen dadurch einem

Schauspieler, der sich selbst für seine in einem Drama gespielte Rolle hält.

Und weil wir diesen Anpassungsautomaten für uns selbst halten, beginnen wir ihn zu nähren, zu pflegen und zu kultivieren, bis wir unsere wahre Wesensnatur, die aus reinem Bewusstsein besteht, vollständig vergessen haben. So wird es möglich, dass hoch kultivierte, hoch zivilisierte und hoch geachtete Persönlichkeiten, wie wir sie in unserem alltäglichen Leben sehen können, entstehen, die aber in ihrer emotionalen Entwicklung im kindlichen oder vorpubertären Alter stehengeblieben sind und wider aller Vernunft handeln oder Dinge tun können, die sich für einen wahren Menschen wahrlich nicht ziemen.

Weil die Persönlichkeit das Ausdrucks- und Handlungsmedium in der Welt der polarisierten Gegensätze ist, identifiziert sich der Mensch am stärksten mit diesem Konglomerat aus vielen miteinander verbundenen psychischen Inhalten und verbindet auch seinen Namen damit. Sobald jemand seinen Namen sagt, horcht er auf, tastet seine Umgebung und die Situation ab und ruft dann die für diese Umgebungssituation anerzogenen oder gelernten Haltungen und Rollen auf den Plan. Dieser Prozess spielt sich vollkommen mechanisch und meist unbemerkt ab. Die auf den Plan gerufenen Haltungen und Rollen empfindet er dann als sein „Ich".

Dadurch wird die Persönlichkeit zum Hauptsitz seines „Ichs" und neben einem Anpassungsmechanismus auch zum stärksten Realitätsverzerrungsautomaten des Menschen, sodass alles, was nicht in sein Selbstbild und in seine Anschauungen passt, von vornherein ausgeschlossen oder zumindest so zurechtgebogen wird, dass es wenigstens einigermaßen passt.

Auf diese Weise entfernt sich der Mensch immer weiter von seiner wahren Wesensnatur und der wirklichen Welt, bis er schließlich in einem aus Scheinidentitäten bestehenden Niemandsland einer „feinen, außen hui und innen pfui" Gesellschaft landet.

Bei näherem, einfühlsamen Betrachten finden wir bei solchen, oft aalglatten und von sich selbst eingenommenen Persönlichkeiten nicht selten und trotz fein gebügeltem, parfümiertem „Dress Up" eine stickige, wenn nicht stinkig vergiftende Atmosphäre, die sie umgibt und die durchaus eine gewisse Übelkeit nach sich ziehen kann, wenn man, aus welchen Gründen auch immer, länger in deren Nähe verweilen muss.

Der Mensch muss also auch in Bezug auf seine Persönlichkeit lernen, von seinen Identifikationen Abstand zu nehmen, um sich seiner Wirklichkeit zu nähern und seine Aufgabe als Mensch erfüllen zu können.

Was das Wesen des Menschen betrifft, müssen wir auch verstehen, dass er als Übergang innerhalb des Kreislaufs des Bewusstseins zwei sich widerstreitende Wesen besitzt.

Goethes „Faust" beschreibt das mit den tiefsinnigen Worten:

> „Zwei Seelen wohnen, ach! in meiner Brust,
> Die eine will sich von der andern trennen;
> Die eine hält, in derber Liebeslust,
> Sich an die Welt mit klammernden Organen;
> Die andre hebt gewaltsam sich vom Dust
> Zu den Gefilden hoher Ahnen."

Das ist so, weil der Mensch eine Brücke oder ein Übergang ist.

Friedrich Nietzsches „Zarathustra" sagt dazu:

> „Was groß ist am Menschen,
> das ist, daß er eine Brücke und kein Zweck ist:
> was geliebt werden kann am Menschen, das ist, daß
> er ein *Übergang* und ein *Untergang* ist."

Auf der einen Seite der Brücke besitzt der Mensch ein tierisches und auf der anderen Seite ein göttliches Wesen. Die Brücke erstreckt sich von seinem tierischen Organismus mit seinen Trieben und Instinkten bis zu seinem Wesenskern, dem freien, primären Bewusstsein.

Sein tierisches Wesen strebt nach unten – „hält, in der ber Liebeslust, sich an die Welt mit klammernden Organen ...". Das Wesen oder die Grundsubstanz des in seiner Tektonik gebundenen Bewusstseins strebt nach oben, zurück zu seinem Ursprung – „... hebt gewaltsam sich vom Dust, zu den Gefilden hoher Ahnen".

Diese Brücke ist es „Was groß ist am Menschen ...". Dass er etwas Vorübergehendes ist, „... ein *Übergang* und ein *Untergang*" ist das „was geliebt werden kann am Menschen ...".

Der Mensch, so wie er ist, ist dem Untergang geweiht. Er muss als Doppelwesen untergehen, muss überwunden werden, um zum Einen Wesen aufzusteigen. Er muss als neuer, geeinter, wahrer Mensch oder als Übermensch geboren werden.

Der „ungute" Beigeschmack, der dem Begriff „Übermensch" oft anhängt, ist wohl darauf zurückzuführen, dass der Mensch seine wahre Situation noch nicht begriffen hat, dass ihn der Übermensch daran erinnert was er wirklich ist und sein wohlbehütetes illusionäres Sein in Frage stellt, oder anders ausgedrückt, weil ihn der Übermensch daran erinnert, dass er in Wirklichkeit ein Wurm ist, der eines Tages zertreten wird.

Wir könnten genauso gut Begriffe wie „Neuer

Mensch" oder auch „Wahrer Mensch" gebrauchen. Denn im Grunde ist der Übermensch nichts anderes als der Mensch, der seine Bestimmung erlangt und sein Doppelwesen durch einen spirituellen Transformationsprozess überwunden hat, der von seiner Tektonik zu seinem Zentrum übergegangen ist.

Das Doppelwesen des Menschen ist die Grundursache für all seine Konflikte. Was immer er auch tun mag, die Gegenseite wird immer präsent sein. Zwischen seinen zwei Wesen ist seine Persönlichkeit mit ihren realitätsverzerrenden Mechanismen, sozusagen, als Kompromiss oder als Pufferzone geschaltet. Solange er mit seiner Persönlichkeit identifiziert ist und diese für sein wahres Wesen hält, lebt er in einer Pufferzone, in einem Niemandsland, in dem er „weder Fisch noch Fleisch" sein kann. Er scheint so zwar dem Grundkonflikt seines Doppelwesens zu entgehen, indem dieser durch andere, mildere und für sein „Ich" erträglichere Konflikte ersetzt wird, aber er verliert dadurch auch den Kontakt zu seiner Realität, sodass kein wirklicher Transformationsprozess, der seinen Grundkonflikt ein für alle Mal lösen könnte, in ihm stattfinden kann.

Wir müssen hier aber auch verstehen, dass die Persönlichkeit als Anpassungsmechanismus an die soziale Umgebung und als Pufferzone für unlösbare Konflikte absolut notwendig ist. Dabei ist aber nicht die

Persönlichkeit das Problem, sondern die Identifikation mit dieser. Wäre der Mensch nicht mit seiner Persönlichkeit identifiziert, dann könnte sie zwar als Pufferzone, als Anpassungsmechanismus und als Mittel des Ausdrucks bestehen bleiben, aber sie würde nicht mehr als realitätsverzerrender Mechanismus funktionieren. Sie wäre dann bloßes Werkzeug, um seine Grundbedürfnisse als natürlicher Mensch erfüllen zu können und um ein relativ reibungsloses Leben in einem sozialen Umfeld zu ermöglichen. Das Bewusstsein des Menschen würde dabei außerhalb seines Doppelwesens und außerhalb der Pufferzone stehen.

In diesem Bewusstsein würde der Mensch sein Doppelwesen und damit auch seinen Grundkonflikt immer im Auge behalten, wodurch hinter der Fassade seiner Persönlichkeit und seines Soziallebens ein echter Transformationsprozess in Gang gesetzt werden könnte. Denn den Grundkonflikt im Auge zu behalten ist nichts Geringeres als die doppelte Ausrichtung unserer Aufmerksamkeit, entlang derer sich der spirituelle Transformationsprozess zu einem einheitlichen Wesen jenseits der polarisierten Gegensätze und damit zum wahren Menschen vollzieht.

Deshalb sagt Zarathustra: „… was geliebt werden kann am Menschen, das ist, daß er ein *Übergang* und ein *Untergang* ist."

135

Sobald der Übergang vollzogen ist, wird der Mensch als Doppelwesen untergegangen sein. Sein aus reinem Bewusstsein bestehender Wesenskern wird seine innere Sonne sein, um die sich alles in seiner Tektonik dreht und die als Gravitationsfeld in der unendlichen Tiefe seines Innenraumes ruht.

Durch die Verschmelzung seiner gegensätzlichen psychischen Inhalte zu einer Einheit, geschieht in ihm eine Art Kernschmelze, wodurch, ähnlich wie in der Sonne unseres Planetensystems durch die Kernschmelze Licht freigesetzt wird, in ihm Bewusstsein freigesetzt wird. Auf diese Weise wird der einzelne Mensch selbst zu einer Sonne.

Der versklavte Mensch

Was den Menschen prägt, konditioniert und letztendlich auch versklavt, sind zum einen: sein genetisches Material, sowie die Triebe und Instinkte seines tierischen Organismus, was seiner *existenziellen* Versklavung entspricht; und zum anderen: seine Erziehung, seine sogenannte „Bildung" und einprägsame Erlebnisse, die sowohl das Erleben von Glück, als auch Traumata physischer oder psychischer Art beinhalten können, was seiner *ideologischen* Versklavung entspricht.

Dass der Mensch konditioniert, mechanisiert und dienstbar gemacht werden kann, hängt damit zusammen, dass er einen tierischen Organismus besitzt, der, wie wir es beispielsweise aus Tierversuchen kennen, schon für sich alleine konditionierbar ist. Hinzu kommt bei ihm aber noch der Anteil an ungeformtem aber formbarem Bewusstsein, das besonders im Säuglings- und Kindesalter noch sehr zart, empfänglich, unkritisch und prägbar ist.

Was seinen tierischen Organismus betrifft, so gleicht er in etwa einer Ratte: Platziert man einer solchen beispielsweise eine Elektrode, die sie durch die Bedienung eines Hebels auslösen kann, in das Lustzentrum ihres Gehirns, dann drückt sie diesen Hebel immer und immer wieder, bis sie verendet.

Der tierische Organismus sucht Lust und versucht Schmerz zu meiden.

Was das im Menschen vorhandene formbare und empfängliche Bewusstsein betrifft, so gleicht es einem unbeschriebenen Blatt, auf das im Grunde alles geschrieben kann. Man muss nur wissen wie.

Ein anderer Faktor, der die Konditionierbarkeit des Menschen ebenso begünstigt, ist seine Vorstellungs- und Einbildungskraft, durch die er sich Dinge ausmalen und in die Vergangenheit oder in die Zukunft projizieren kann, um dann eventuell vorkehrende Maßnahmen zu treffen. Dadurch weiten sich die Möglichkeiten seiner Konditionierbarkeit oder seiner ideologischen Prägbarkeit praktisch bis ins Unendliche aus.

Die Hauptfaktoren der ideologischen Konditionierbarkeit des Menschen sind Furcht, Habsucht, Leichtgläubigkeit und Einbildung.

Dass Wissen um die Konditionierbarkeit des Menschen hat Machthabende, Regierungen, Religionen, politische Systeme und Parteien, Interessengemeinschaften, ganze Wirtschafts- und Industriezweige, Schulsysteme, Lehrer, Erzieher sowie Väter und

Mütter usw. auf den Plan gerufen, um mehr oder weniger unlautere Methoden auszuklügeln, durch die sie andere Menschen für ihre Eigeninteressen gewinnen und gefügig machen können.

Die Hauptmethode dieses Gefügig Machens spielt sich immer auf einer Achse zwischen Tadel und Lob, Schmerz und Lust, Leid und Freude, zwischen Unglück und Glück, zwischen Strafe und Belohnung, zwischen „Böse" und „Gut" oder zwischen „Hölle" und „Himmel" ab.

Um einen Menschen gefügig zu machen, muss dann lediglich darauf geachtet werden, dass er das, was von ihm gewollt wird, mit „Gut" und das, was nicht von ihm gewollt wird, mit „Böse" verbindet. Indem man ihn dann für Ungewolltes bestraft, oder eine künftige „Hölle" in Aussicht stellt, und für Gewolltes belohnt, oder einen künftigen „Himmel" in Aussicht stellt, schafft man in ihm die entsprechenden Assoziationsmuster. Damit sich solche Assoziationsmuster nun auch so tief in ihn einprägen, dass er sie für seine eigenen hält und er auch danach handelt, muss dieses Procedere nur oft genug wiederholt werden.

Die Methoden zur Schaffung und Festigung solcher Assoziationsmuster reichen von direkter Schmerzzufügung, direkter Bedrohung und realer Belohnung, über Meinungsbildung durch das soziale Umfeld und die

139

Medien, Schaffung von imaginären Feindbildern, Furchteinflößung vor Leid und Höllenqualen bis hin zum Versprechen von Wohlbefinden, Wohlstand, künftigen Glücks und paradiesischer Freuden usw. Adolf Hitler soll in „Mein Kampf" gesagt haben, man müsse eine Lüge nur oft genug wiederholen, damit sie zur Wahrheit wird.

Durch solche Methoden können Machthabende ihre Macht bewahren und ausdehnen; Regierungen können das Volk dienstbar machen und vollkommen mechanisch funktionierende Kriegsmaschinen, sprich Soldaten erzeugen; Religionen können die Anzahl ihrer „Schafe" vergrößern und Religionskriege führen; politische Systeme und Parteien können ihre Anhänger bewahren und deren Zahl vergrößern; Interessengemeinschaften, Wirtschafts- und Industriezweige können ihre Interessen wahren und allen möglichen Schund an Gutgläubige verkaufen; Schulsysteme können menschliche Automaten für staatliche, wirtschaftliche und gesellschaftspolitische Interessen rekrutieren; Väter, Mütter, Erzieher und Lehrer können ihre eigenen ideologischen Konditionierungen über Generationen hinweg weitergeben, wodurch sich diese noch tiefer in die Nachkommen einprägen und schließlich für selbstverständlich gehalten werden, usw.

Die gefügig gemachten glauben dann meist selbst an

die ihnen eingetrichterten Sichtweisen, Vorstellungen, Ideologien, Glaubenssätze, Dogmen oder Religionen usw. und geben diese dann auch wieder durch Konditionierungsmethoden an die nächste Generation weiter. Auf diese Weise setzen sich Haltungen, Meinungen, Ideologien, Religionen, sowie Sicht- und Lebensweisen über Jahrhunderte hinweg im Menschen fest und entwickeln ihre Eigendynamik.

Wir dürfen dabei aber nicht dem Glauben verfallen, dass nur andere konditioniert und ideologisch versklavt seien, wir selbst aber nicht. Denn unsere Konditionierungen und angenommenen Ideologien sind so tief in uns verankert, dass wir glauben, sie gehörten zu unserer eigenen Natur.

Jeder Mensch wird in ein von konditionierten Wesen besiedeltes und von Ideologien gefärbtes Umfeld hineingeboren. Sein tierischer Organismus ist bei seiner Geburt fast schon vollständig ausgebildet, während die noch ungeformten Anteile seines Bewusstseins und die noch nicht ausgebildeten Synapsen seines Nervensystems noch frei „beschreibbar" oder prägbar sind. Hilflos seiner Umgebung ausgeliefert, beginnt er nun die ihm Nahestehenden nachzuahmen, während diese ihn mit ihren konditionierten Ideologien, Meinungen, Haltungen, Verhaltensmustern und Sichtweisen überschütten, um aus ihm, ihren Ideologien und

Idealen entsprechend, einen „wohlerzogenen" Menschen zu machen. Dabei vergessen sie aber, dass anerzogene „Moral" oder „Güte", usw., im Grunde unechte Erscheinungen sind, weil sie nicht aus dem Wesen oder aus der ureigenen Einsicht eines Menschen stammen. In dem von konditionierten Wesen besetzten Umfeld des Menschen bilden sich in ihm Überlebens- und Bewältigungsstrategien, die ihm ein möglichst reibungsloses und gesichertes Dasein ermöglichen sollen. Dies wiederum hat zur Folge, dass er die oft wahnhaften Werteordnungen der Gesellschaft, in die er hineingeboren wurde, annehmen muss und ihnen unterworfen wird. Traurigerweise ist seine Umgebung nicht selten mit konditionierten Alkis, Machos, Brutalos oder auch mit fanatisch feindseligen Religiosos, usw. besetzt, die er, weil er nichts Anderes kennt, nachzuahmen beginnt. Oder, wenn er in gemäßigtere Sozialstrukturen hineingeboren wird, beginnt er deren Wertekodex anzunehmen und unersättlich nach Besitz, Reichtum, Wohlstand und Macht zu streben, ohne zu wissen woher er kommt und wohin er geht.

Jedenfalls bilden sich durch die Eindrücke aus seiner wie auch immer gearteten Umgebung in seinem Nervensystem weitere Synapsen aus und sein noch ungeformtes Bewusstsein beginnt als Reaktion auf seine Umgebung verschiedene Anpassungsformen anzunehmen, welche sich dann in konditionierten, re-flexartigen Verhaltensweisen manifestieren.

Etwas später wird er dann in ein von ideologisch kon-ditionierten Wesen besetztes Schulsystem hineinge-steckt, das seiner bereits begonnenen Konditionierung den letzten Schliff gibt. Nach Durchlaufen des Schul-systems glaubt er nun zu wissen „wer" und „was" er ist, was „richtig" und was „falsch" ist, ob es einen „Gott" gibt oder nicht, usw. Sein eingetrichtertes „Wissen" ermöglicht ihm dann meist seinen Lebens-unterhalt zu sichern oder vielleicht auch zu einem „Su-perreichen" zu werden und unter seinesgleichen Ach-tung und Respekt zu ernten. Auch wenn er, objektiv gesehen, ein militanter, mit eingetrichtertem, rein in-tellektuellem „Wissen" überzogener Pimpel, der von nichts alles weiß, sein mag, und seine konditionierten Reflexe, das heißt, sein ideologisches Sklaventum, ihn bis ins Grab begleiten werden.

Der ideologisch versklavte Mensch wird von Furcht ge-drängt, von Habgier verlockt, von Einbildung verblen-det und von Leichtgläubigkeit gelenkt.

Seinen konditionierten Reflexen verknechtet, fristet er sein Leben zwischen diesen vier Instanzen.

Der nach spiritueller Freiheit strebende Mensch muss diese vier Instanzen jedoch überwinden, indem er sich einem Dekonditionierungsprozess unterzieht, der im

Wesentlichen darin besteht, sein an Ideologien und Wünschen gebundenes Bewusstsein ins Formlose überzuführen. Alles andere würde lediglich seine bestehende ideologische Konditionierung durch eine andere ersetzen. Er würde sich sozusagen einer Art Gehirnwäsche unterziehen, bei der die eine ideologische Konditionierung gelöscht und eine andere dafür an deren Stelle treten würde, wie wir es beispielsweise sowohl bei religiösen als auch bei politischen in gewissen Lagern „umerzogene" Konvertiten sehen können. Wirkliche Freiheit aber liegt jenseits aller Ideologien.

Der unzufriedene Mensch

Der Mensch ist aufgrund seines Doppelwesens und dem nach Vollendung drängenden Kreislauf des Bewusstseins einer ständigen Unzufriedenheit ausgesetzt. Auch wenn er gelegentlich meint, dass er zufrieden sei, ist diese Zufriedenheit nicht von langer Dauer. Irgendetwas drängt ihn immer wieder, die Dinge zu verändern, zu schaffen und zu tun. Wenn er glaubt, endlich mal zur Ruhe gekommen zu sein, wird ihn, solange er nicht zu einem einheitlichen Wesen geworden ist, diese Unzufriedenheit immer wieder einholen. Seine Unzufriedenheit liegt im Spannungsfeld zwischen seinem tierischen und seinem göttlichen Wesen, beziehungsweise im nach Vollendung drängenden Kreislauf des Bewusstseins begründet. Auf dieser Grundunzufriedenheit gründen all seine anderen Unzufriedenheiten, die sein Leben antreiben, die ihn wünschen, wollen, tun und schaffen lassen.

Es ist die gleiche Grundunzufriedenheit, die das gesamte Universum antreibt im ständigen Wandel zu sein. Hier liegt das Spannungsfeld nur zwischen verdichteter oder geformter und unverdichteter oder ungeformter Materie. Sowohl die Kreativität des Universums, die Kreativität des Lebens, als auch die Kreativität des Menschen findet in dieser

145

Grundunzufriedenheit, in diesem Spannungsfeld ihre Begründung. Wäre der Mensch permanent zufrieden, gäbe es keine Fortpflanzung, keine Kultur, keine Architektur, keine Wissenschaft, keine Technik, keine Kunst, keine Forschung, keinen Fortschritt und auch keinen spirituellen Transformationsprozess. Wäre das Universum permanent zufrieden, gäbe es auch kein Leben. Alles entsteht aus dem Drang, aus der Suche nach Zufriedenheit oder nach Vollendung.

Zufriedenheit entsteht immer dann, wenn ein Spannungsfeld sich löst, wenn es sich entspannt; wenn Gegensätze sich Vereinigen und zu einer Einheit verschmelzen. Dabei darf aber nicht vergessen werden, dass im Leben die Vereinigung mit einer Sache oft die Trennung von einer anderen bedeutet, wodurch an anderer Stelle wieder ein Spannungsfeld entsteht und die Zufriedenheit des einen meist die Unzufriedenheit eines anderen nach sich zieht.

Wir können das gesamte Leben als einen Prozess der abwechselnden Spannung und Entspannung, oder der abwechselnden Trennung und Vereinigung begreifen, als Ein- und Ausatmen, als Wachen und Schlafen, als Geburt und Tod, als Aufbau und Abbau, als ein pulsierendes Laden und Entladen von energetischen Spannungen oder auch als eine Pendelbewegung zwischen polarisierten Gegensätzen.

Wenn wir das Dasein eines einzelnen Menschen, der nichts anderes als einen Miniaturkosmos darstellt, betrachten, dann können wir zwei große oder zwei Hauptspannungsfelder, zwischen denen er sich bewegt, sehen: Das eine Spannungsfeld liegt zwischen seiner Geburt und seinem Tod. Das andere zwischen gebundenem und ungebundenem Bewusstsein. Das Spannungsfeld zwischen Geburt und Tod können wir als seine Lebenslinie bezeichnen. Das Spannungsfeld zwischen geformtem und ungeformtem Bewusstsein bezeichnen wir als seine Seins Linie oder als seine Transformationslinie.

Das zwischen Geburt und Tod gelegene Spannungsfeld können wir uns als *horizontale* Lebenslinie des Menschen vorstellen, auf der die Ereignisse zeitlich voneinander getrennt in Erscheinung treten. Hier gibt es nur vorübergehende Erscheinungen. Alles, was der Mensch innerhalb dieser horizontalen Lebenslinie schafft, wird auch wieder vergehen. Und deshalb gibt es hier auch keine dauerhafte Zufriedenheit.

Das Spannungsfeld zwischen geformtem und formlosem Bewusstsein können wir uns als *vertikale* Seins- oder Transformationslinie vorstellen. Auf dieser vertikalen Linie gibt es keine aufeinanderfolgenden Ereignisse, sondern eher übereinanderliegende, *statische*

Transformationsebenen oder mögliche Bewusstseinszustände. Die Transformationsebenen sind unveränderlich oder ewig und stellen, wenn man so will, eine Art „Himmelsleiter" dar, auf der das ursprüngliche Bewusstsein auf- und absteigen kann. Die Stufen dieser Leiter entsprechen dichtere oder weniger dichte Schwingungsfelder, in denen sich das Bewusstsein aufhalten kann. Auf den unteren Transformationsebenen ist das Bewusstsein mehr, und auf den oberen weniger an Formen gebunden.

Legen wir nun die horizontale Lebenslinie und die vertikale Transformationslinie übereinander, erhalten wir ein Kreuz, in welchem sich Ewiges und Zeitliches kreuzen. Der Kreuzungspunkt der Linien stellt immer den unmittelbaren Augenblick oder das Hier und Jetzt dar. In diesem Kreuz liegen sowohl die existenzielle Versklavung des Menschen, als auch seine mögliche Freiheit. Sein Bewusstsein ist diesem Kreuz unterworfen und in dessen Spannungsfelder eingelagert.
Der Kreuzungspunkt erzeugt das Hier und Jetzt des Daseins eines Menschen. Die horizontale Lebenslinie erzeugt seine zeitlichen und formgebundenen Beschränkungen. Und die vertikale Transformationslinie enthält alle Möglichkeiten seiner Transformation.

Zwischen Geburt und Tod eines Menschen verschiebt

sich seine vertikale Transformationslinie unaufhaltsam horizontal entlang seiner Lebenslinie, wodurch
seine Transformationsmöglichkeiten zeitlich begrenzt
werden. An den sukzessiven Kreuzungspunkten der
beiden Linien entstehen die aneinandergereihten Momente seiner Lebenszeitlinie, von denen jeder Einzelne sein eigenes Spannungsfeld zwischen vorher und
nachher besitzt. Während dieser horizontalen Verschiebung der Transformationslinie *kann* – wohlge-
merkt, die Betonung liegt auf *„kann"* – sich die horizontale Lebenslinie eines Menschen auf der Transformationslinie vertikal nach oben in Richtung Einheit o-
der nach unten in Richtung Aufspaltung verschieben.
Weil aber aufgrund des allkosmischen Trägheitsprinzips die vertikale Verschiebung der horizontalen Lebenslinie nach oben nicht automatisch vonstatten-
geht, muss der Mensch hier selbst Hand anlegen, um
einen Transformationsprozess seines in diesem Kreuz
eingespannten Bewusstseins anzustoßen.

Zwischen den Spannungsfeldern seines Lebenskreuzes
spielt sich auch die Unzufriedenheit des Menschen ab.
Um es in urchristlicher Symbolik auszudrücken, ist es
das „Kreuz", das er bis zu seiner Erlösung tragen muss.
Will ein Mensch in die vertikale Transformationslinie
seines Lebenskreuzes eintreten und einen Transformationsprozess anstoßen, kann er dies immer nur am

Kreuzungspunkt der beiden Linien, also im Hier und Jetzt, tun. Denn nur im Hier und Jetzt kann er wirklich Sein. Alles andere ist Einbildung. Umso mehr sein Bewusstsein auf seiner horizontalen Lebenslinie in vergangenen Ereignissen oder in zukünftigen Möglichkeiten verwickelt ist, desto weniger Sein besitzt er.

Dabei dürfen wir aber auch nicht glauben, wir befänden uns im Hier und Jetzt, wenn unser Bewusstsein in den Ereignissen eines gegebenen Augenblicks verstrickt ist. Denn dann kann es sein Da-Sein ebenso wenig empfinden, wie wenn es in der Vergangenheit oder in der Zukunft umherschweift. Wirklich im Hier und Jetzt zu sein bedeutet vielmehr, zwischen den Augenblicken oder zwischen Vergangenheit und Zukunft zu *Sein*. Der vergangene Augenblick ist nicht mehr; der folgende ist noch nicht. Und genau dazwischen ist Leere oder das wirkliche Hier und Jetzt. Diese Leere oder Lücke zwischen den Augenblicken ist der Zugang zur vertikalen Seins- oder Transformationslinie. Wenn wir ins wirkliche Hier und Jetzt eintreten wollen, dürfen wir unsere Aufmerksamkeit nicht nur auf die im Augenblick gegenwärtigen Dinge richten, sondern müssen sie *gleichzeitig* auch nach innen auf unser Denken und die Lücken zwischen den Gedanken lenken. Sobald das Bewusstsein vollkommen in der Lücke zwischen Gedanken und Augenblicken ruht, verschiebt sich die horizontale Lebenslinie von ganz alleine auf der vertikale Transformationslinie nach oben in Richtung ungebundenem Bewusstsein oder Freiheit und nur hier kann der Mensch zufrieden sein.

Alle Wunscherfüllungen und Versagungen, alles Leiden, Schaffen und Tun spielen sich auf der horizontalen Linie dieses Kreuzes ab. Hier kann die Unzufriedenheit des Menschen immer nur kurzfristig gestillt werden und ihn auch nur vorübergehend von seiner Grundunzufriedenheit ablenken.

Sobald ein Ziel erreicht, ein Wunsch erfüllt ist, stellt sich eine gewisse Erleichterung, eine gewisse Entspannung ein, die wir als „Zufriedenheit" definieren. Aber es wird nicht lange dauern, bis das nächste Ziel und der nächste Wunsch an unsere Tür klopfen und neue Unzufriedenheit, neue Spannungen und neue Verwicklungen mit sich bringen.

Erst wenn der Mensch seine Grundunzufriedenheit gelöst hat, wenn er einen spirituellen Transformationsprozess auf der vertikalen Transformationslinie durchlaufen hat und zum reinen, ungeformten Bewusstsein geworden ist, wird seine Unzufriedenheit und Rastlosigkeit gestillt sein. Er kann sich dann zwar immer noch Ziele stecken, kann sich Wünsche erfüllen, kann schaffen und tun, aber er wird weder mit dem einen noch mit dem anderen identifiziert sein. Er wird jenseits von

Zufriedenheit und Unzufriedenheit stehen. Mit der Höhertransformation seines Bewusstseins wird sich auch seine horizontale Lebenslinie auf der vertikalen Transformationslinie nach oben verschieben, wodurch sein Leben eine andere Qualität erhält. Er wird dann weniger im Gestern oder Morgen leben, sondern mehr im Hier und Jetzt oder im wirklichen Sein, während die Dinge ihren Lauf nehmen.

Wenn aber die Grundunzufriedenheit des Menschen lediglich auf der horizontalen Lebenslinie als treibende Kraft agiert, gibt es keine Höhertransformation des Bewusstseins und zieht meist schwerwiegende, üble Folgen für den Menschen selbst und den gesamten Planeten nach sich. Seine horizontale Lebenslinie kann sich dann nicht über die unteren Stufen seiner vertikalen Transformationslinie hinausbewegen, wodurch er mehr oder weniger, wie ein Tier, lediglich seine Eigeninteressen verfolgt, ohne auf die weiterreichenden Folgen seines Handelns zu achten. Auf diesen unteren Stufen der vertikalen Transformationslinie wird das Leben des Menschen nämlich von tierischen Trieben, Instinkten und rücksichtsloser, unersättlicher Hab- und Machtsucht bestimmt.

Eigentlich sollte die Grundunzufriedenheit des Menschen die treibende Kraft dafür sein, ihn über die Brücke, die er in den oberen Bereichen des Kreislaufs des

Bewusstseins darstellt, hinwegzuführen. Dennoch bedeutet dies aber nicht, dass seine Grundunzufriedenheit gleich zum Übel wird, wenn aus ihr auch die treibende Kraft für die Lebensprozesse, die Lebensgestaltung und andere Tätigkeiten des Menschen auf seiner horizontalen Lebenslinie hervorgeht.

Zum Übel wird die Unzufriedenheit des Menschen erst dann, wenn sie auf den unteren Transformationsebenen einzig und allein dazu benutzt wird, ihn von seiner Grundunzufriedenheit und einem möglichen spirituellen Transformationsprozess abzulenken. Und zu einem noch größeren Übel wird sie, wenn der Mensch ihre Ursache außerhalb von sich selbst sucht und anderen die Schuld für seine Unzufriedenheit zuweist. Denn dann beginnt er die „Schuldigen" zu bestrafen, zu bekämpfen und nicht selten auch abzuschlachten. Als Rechtfertigung für dieses Vorgehen werden dann meist noch religiös-politische, faschistische und andere Ideologien mit eingeflochten. Das Ergebnis können wir dann in Ausbeutungen, Vertreibungen, Bürgerkriegen, Völkermorden und in Kriegen allen Ausmaßes sehen.

Der Ablauf solcher Geschehen verläuft dann meist so, dass die Ausbeutenden und die Machthaber als Tyrannen oder als die „Schuldigen" erkannt werden, und wenn es gelingt sie zu stürzen, beginnen die vorher

Ausgebeuteten nun selbst zu Tyrannen und Ausbeuter zu werden. So entsteht eine nie enden wollende Spirale der Gewalt.

Der Mensch wird dann nie aufhören, seinesgleichen auszubeuten, zu tyrannisieren und abzuschlachten. Es sei denn, sein Bewusstsein erreicht eine höhere Transformationsebene.

Eine andere beachtenswerte und durchaus denkbare Ursache, die zu einer vermehrten Unzufriedenheit innerhalb der Lebenslinie des Menschen und schließlich zu gewalttätigen Entladungen führen kann, sind die in G. I. Gurdjieff's „Beelzebubs Erzählungen für seinen Enkel" beschriebenen, durch planetarische Konstellationen unterschiedlich stark ausgeprägten planetarischen Spannungsfelder auf unserem Planeten. Dies würde auch erklären, warum immer wieder in bestimmten geografischen Regionen unseres Planeten Brandherde des sich gegenseitigen Abschlachtens entstehen und dort oft über mehrere Jahrzehnte hinweg bestehen bleiben.

Manchen mag diese Idee vielleicht abstrus erscheinen. Wenn wir aber mit in Betracht ziehen, dass alles mit allem zusammenhängt und durch die Konstellationen von Planeten in unserem Sonnensystem Spannungsfelder entstehen, die sich auf bestimmte Regionen einzelner Planeten besonders stark auswirken können, scheint eine solche Idee gar nicht mehr so abwegig zu sein. Beispielsweise können wir in Ebbe und Flut ein solches Spannungsfeld, das durch die Stellung des Mondes zustande kommt, sehen. Während die vom Mond erzeugten Spannungsfelder in bestimmten Erdregionen durch seine Erdnähe und die Erddrehung sich relativ schnell verschieben, können die von entfernteren Planeten erzeugten regionalen Spannungsfelder über Jahrzehnte bestehen bleiben, wenn wir bedenken, dass zum Beispiel der Saturn 29 Jahre, der Uranus 84 Jahre und der Neptun 165 Jahre brauchen, um die Sonne einmal zu umkreisen.

Weil der Mensch ein untrennbarer Teil solchen kosmischen Geschehens ist, wirken sich solche erhöhten Spannungsfelder natürlich auch auf das Spannungsfeld seiner Lebenslinie und damit auch auf seine Grundunzufriedenheit aus. Ein Mensch kann solchen kosmologischen Einflüssen nur entfliehen, wenn sein Bewusstsein durch einen inneren Transformationsprozess auf der vertikalen Transformationslinie nach oben steigt, wodurch das Spannungsfeld seiner Doppelnatur gelöst und er ein neuer Mensch werden kann.

Die Ebenen der Transformation

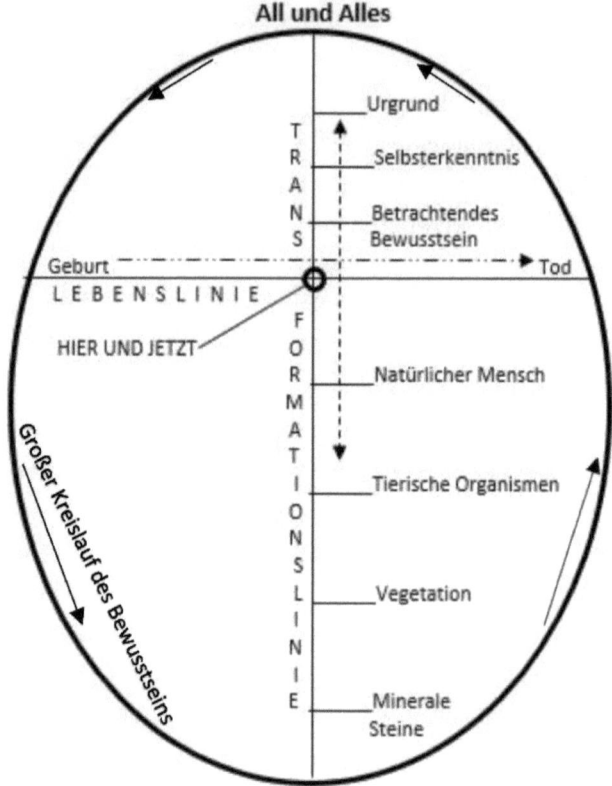

All und Alles:
Der Kreislauf des Bewusstseins mit den Transformations-
Ebenen der vertikalen Transformationslinie und dem
Lebens-Kreuz des Menschen.

Für ein besseres und tieferes Verständnis der Transformationsebenen des Bewusstseins, seiner existenziellen Versklavung und möglichen Freiheit, sollen hier, anhand der Abbildung „All und Alles", die vertikale Transformationslinie und das Lebens-Kreuz des Menschen, die beide im vorhergehenden Kapitel bereits angesprochen wurden, noch etwas näher erläutert werden:

In unserer Abbildung bezeichnet „All und Alles" den Urgrund und unser gesamtes Universum, in welchem Dinge entstehen, sich wandeln und auch wieder vergehen.

Die Gesamtheit aller Transformationsprozesse von ungeformtem zu geformtem, und von geformtem zurück zu ungeformtem Bewusstsein, die innerhalb dieses Universums auf Planeten wie der Erde stattfinden, bezeichnen wir als großen Kreislauf des Bewusstseins, welcher in unserer Abbildung durch die äußeren ab- und aufwärts zeigenden Pfeile gekennzeichnet ist.

Die vertikale Transformationslinie beinhaltet grob schematisch die einzelnen Transformationsebenen, wie wir sie auf unserem Planeten vorfinden.

Im Allgemeinen wird unter „Transformation" ein Umwandlungs- oder Verwandlungsprozess von einer Form in eine andere verstanden, was auf den unteren Ebenen dieser vertikalen Transformationslinie auch richtig ist. Aber auf den obersten Ebenen sieht die Sache etwas anders aus. Hier bedeutet „Transformation", im wahrsten Sinne des Wortes, ein Hinausgehen über die Form oder die Formation, oder eine Wandlung der Form zur Formlosigkeit.

So wie sich weißes Licht durch ein Prisma in sieben Farben aufspalten lässt und eine Oktave der Tonleiter sieben ganze Töne enthält, enthält auch die Stufenleiter der vertikalen Transformationslinie des Bewusstseins sieben Stufen. Und ebenso wie die Spektralfarben des Lichts längere und kürzere Wellenlängen, und die Töne der Tonleiter niedrigere und höhere Schwingungsraten besitzen, weisen auch die Transformationsebenen des Bewusstseins niedrigere und höhere Schwingungsraten auf.

Von unten nach oben stellen sich die Transformationsebenen folgendermaßen dar:

Auf der untersten und ersten Ebene finden wir Steine und Minerale, die dem Zustand eines tief schlafenden Bewusstseins entsprechen. Die Redewendung „Er schläft wie ein Stein" hat wohl hier ihren Ursprung.

Auf der zweiten Stufe finden wir die Vegetation oder die Pflanzenwelt, in der das Bewusstsein zwar noch schläft, aber sich bereits zu bewegen, zu strecken und auszudehnen beginnt.

Auf der dritten Ebene finden wir die Welt der tierischen Organismen. Hier beginnt das Bewusstsein, zwar immer noch schlafend, in einer Art schlafwandlerischem Dämmerzustand schon relativ autonome Handlungen wie Nahrungssuche, Fortpflanzung, Nestbau und Aufzucht der Jungen usw. auszuführen.

Auf der vierten Ebene, in der Welt des natürlichen Menschen, beginnt das Bewusstsein in einer Art Traumzustand „Identitäten" anzunehmen, wodurch in seiner Wahrnehmung „Ich" und „Du", oder auch Subjekt und Objekt entstehen.

Auf der fünften Ebene beginnt das Bewusstsein zu erwachen, wodurch es nach und nach beginnt, seine sogenannten „Identitäten" und die psychophysischen Instanzen seines Organismus, denen es unterjocht ist, als Objekte zu erkennen und selbst zum reinen Subjekt oder Betrachter zu werden. Deshalb kann diese fünfte Stufe auch als die Stufe des Erwachens und Betrachtens bezeichnet werden.

Die sechste Ebene ist die Ebene der Selbsterkenntnis und des Selbstbewusstseins. Hier fällt das Bewusstsein auf sich selbst zurück und erkennt sich selbst als leer und formlos. Es wird sich seiner möglichen Freiheit von allen Objekten und seiner wahren göttlichen Natur bewusst.

Auf der siebten Stufe löst es sich als betrachtendes Subjekt oder als Selbst in seinem Urgrund auf und wird endgültig zur allumfassenden, alles durchdringenden, allgegenwärtigen Leere. Damit hat sich der Kreislauf des Bewusstseins vollendet und der Mensch hat seine mögliche und endgültige Freiheit, das heißt, die Freiheit von sich selbst erlangt.

Die sieben Ebenen der vertikalen Transformationslinie an sich sind zeitlos. Sie sind daher nicht zeitlich voneinander getrennt, sondern bilden eine kosmische, statische Matrix entlang derer sich der Kreislauf des Bewusstseins vollzieht. Lediglich für uns Menschen, als die wir ein zeitlich begrenztes Dasein fristen müssen, scheinen die Ebenen zeitlich voneinander getrennt zu sein. Denn sobald wir im Verlauf unserer Lebenslinie von einer Ebene zu einer anderen wechseln, vergleichen wir diese mit einer anderen, die unsere Lebenslinie zu einem anderen, für uns „früheren" Zeitpunkt kreuzte.

Es ist alles eine Frage des Blickwinkels und der Relation. Für den einzelnen Menschen besteht seine Lebenslinie aus einer unzähligen Anzahl von aneinandergereihten Augenblicken. Aber von der Lebenslinie der gesamten Menschheit aus gesehen ist die Lebenslinie eines einzelnen Menschen lediglich ein einziger Augenblick. Und von der Lebenslinie unseres Sonnensystems aus gesehen ist die gesamte Lebenslinie der Menschheit auch nur ein einziger Augenblick usw.

Jedenfalls kreuzt die Lebenslinie eines einzelnen Menschen (in unserer Abbildung als horizontale Lebenslinie dargestellt) von seiner Geburt an, bis zu seinem Tod, die vertikale Transformationslinie, wodurch für ihn jeweils an den Kreuzungspunkten die einzelnen Augenblicke seiner Lebenslinie entstehen.

Von seiner Geburt an beginnt die Lebenslinie des einzelnen Menschen die vertikale Transformationslinie auf der Ebene des natürlichen Menschen zu kreuzen, in deren Verlauf er alle möglichen „Identitäten" und Ideologien annimmt, wodurch er sein natürliches Menschsein sogar verlieren und sein gesamtes Leben in einer Art Scheinrealität verbringen kann. Aber auch der natürliche Mensch kann sein gesamtes Leben auf dieser vierten Ebene der Transformationslinie verbringen, ohne jemals auf die darüberliegende Ebene des betrachtenden Bewusstseins zu gelangen. Potenziell kann sich die horizontale Lebenslinie des Menschen zwar zwischen der Ebene der tierischen Organismen und der Ebene des Urgrundes auf und ab bewegen (in unserer Abbildung als gestrichelte, vertikale Linie mit Pfeilen dargestellt), doch die Ebenen, die oberhalb des natürlichen Menschen liegen, sprich, das betrachtende Bewusstsein, die Selbsterkenntnis und den Urgrund kann er nur durch bestimmte Anstrengungen erreichen.

Das Lebenskreuz oder die existenzielle, schicksalhafte Versklavung eines Menschen können sich nur zwischen den Ebenen der tierischen Organismen und des Urgrundes bewegen. Seine mögliche Freiheit steht immer in Relation zu der Ebene, auf der seine Lebenslinie die vertikale Transformationslinie kreuzt. Je tiefer der Kreuzungspunkt, umso unfreier, je höher der Kreuzungspunkt, umso freier ist der Mensch.

Die mögliche Freiheit eines Menschen wird aber nicht nur durch die Ebene des Kreuzungspunktes beschränkt, sondern auch noch durch die zeitliche Begrenzung seiner Lebenslinie. Das heißt, er hat nur eine bestimmte Zeitspanne zur Verfügung, in der er sich wandeln und freier werden kann. Und ob er seine Zeit nutzt, sich einem Transformationsprozess zu unterziehen oder seine gesamte Lebenszeit auf einer der unteren Ebenen in Fantastereien, Scheinidentitäten und Ideologien aller Art verbringt, ist nicht nur alleine von ihm abhängig. Schicksalhafte, umgebungsbedingte, soziale und anerzogene ideologische Faktoren spielen dabei ebenso eine Rolle wie der angeborene Intelligenzgrad und eine gewisse Portion Glück.

Um sich zu wandeln, muss der Mensch von der horizontalen Lebenslinie auf die vertikale Transformationslinie überwechseln. Die Tür zum Überwechsel auf die Transformationslinie findet er nicht in der Vergangenheit und auch nicht in der Zukunft seiner Lebenslinie, sondern immer nur im Hier und Jetzt am Kreuzungspunkt der beiden Linien (in unserer Abbildung als kleiner Kreis um den Kreuzungspunkt dargestellt). Denn das Bewusstsein kann die horizontale Lebenslinie nur dann verlassen und in die Transformationslinie eintreten, wenn es nicht in einem Vorher oder Nachher verwickelt ist. Und wenn es so tief ins Hier und Jetzt eindringt, dass auch das Denken versiegt, erhält es einen Auftrieb, der es entlang der Transformationslinie nach oben in Richtung Freiheit aufsteigen lässt.

Die Sammlung des Bewusstseins im Hier und Jetzt

Sammlung des Bewusstseins im Hier und Jetzt bedeutet nicht mehr und nicht weniger als das auf der horizontalen Lebenslinie in Formen, psychischen Instanzen und Ideologien verhaftete Bewusstsein zu befreien; es gewissermaßen einzusammeln und der inneren Leere oder Formlosigkeit zuzuführen, damit es sich dort sammeln kann. Es meint auch, das Bewusstsein aus seiner Ichhaftigkeit oder seinen Identifikationen zu befreien und einem Sammelpunkt im leeren Raum zuzuführen. Mangels einer besseren Begrifflichkeit werden wir hier den Begriff „leerer Raum" verwenden, wohl wissend, dass der „leere Raum" nicht wirklich leer ist, sondern, wie wir es von der Astrophysik wissen, mit hochenergetisch geladenen, nicht verdichteten Teilchen gefüllt ist, die auch als Hintergrundstrahlung und Dunkle Materie bezeichnet werden.

Wenn unser Bewusstsein in die Tiefe des Hier und Jetzt vordringt, wird es dort auch nur leeren Raum oder die Leere zwischen den Augenblicken vorfinden.

Ein weiterer Grund, warum hier der Begriff des „leeren Raumes" gewählt wurde, ist unsere beschränkte Vorstellungskraft. Denn wenn wir versuchen uns etwas Formloses vorzustellen, bemerken wir, dass unsere

Vorstellungskraft an die gleichen unüberwindlichen Grenzen stößt, wie wenn wir versuchen uns etwas Unendliches vorzustellen. Der leere Raum hingegen ist für uns nicht nur vorstellbar, sondern er steht immer und in jedem Augenblick zwischen uns und den Dingen. Nur, wir bemerken ihn meist nicht. Er ist etwas Konkretes das uns und alles andere immer und überall umgibt und auf atomarer Ebene auch durchdringt.

Obwohl dieser leere Zwischenraum immer gegenwärtig vor unseren Augen steht, sind wir so sehr auf die Dinge fixiert, dass wir ihn weder sehen noch bemerken. Wir müssen also lernen unseren Fokus zu ändern, um den leeren Raum zwischen den Dingen wahrnehmen zu können.

Damit sich das Bewusstsein im leeren Raum des Hier und Jetzt sammeln kann, muss es darauf ausgerichtet werden. Und weil Bewusstsein immer unserer Aufmerksamkeit folgt, wird diese auch unser Werkzeug sein, es auf das Hier und Jetzt oder den leeren Raum zu fokussieren. Das heißt konkret: Wenn wir das Bewusstsein sammeln wollen, müssen wir zuerst unsere Aufmerksamkeit sammeln, indem wir sie in einem gegebenen Augenblick auf uns selbst, das heißt, auf unser innerstes Gewahrsein richten. Und wenn wir unser Bewusstsein im leeren Raum sammeln wollen, dann müssen wir unsere gesammelte Aufmerksamkeit oder innerstes Gewahrsein auf diesen leeren Raum zwischen uns und den uns umgebenden Dingen, einschließlich Gedanken, inneren Bildern, Emotionen und Gefühlen, richten.

Unsere Aufmerksamkeit ist sozusagen das Werkzeug, mit dem wir unser Bewusstsein willentlich lenken können. Aber dazu muss uns erst ein gewisser Anteil an freier Aufmerksamkeit zur Verfügung stehen. Denn meist wird diese vollständig von unseren mechanisch ablaufenden Gedanken, Gefühlen, Emotionen und Handlungen absorbiert.

Wenn wir also unsere Aufmerksamkeit sammeln wollen, damit sie uns zur freien Verfügung steht, müssen wir erst mal einen kleinen Willensakt vollführen, der darin besteht, unsere psychophysische Mechanik, wenn auch nur kurzfristig, zu unterbrechen. Und das erreichen wir, indem wir da ansetzen, wo wir bis zu einem gewissen Maß direkten willentlichen Einfluss nehmen können. Nämlich, bei unserem Bewegungsapparat, unseren Sinnen und unserem Denken. Wenn wir uns absichtlich bewegen ist unsere Aufmerksamkeit bei der Bewegung; wenn wir absichtlich aufhorchen ist sie beim Hören; wenn wir absichtlich unsere Augen bewegen und einen Gegenstand fixieren ist sie beim Sehen; wenn wir absichtlich empfinden ist sie beim Empfinden; und wenn wir absichtlich denken ist sie beim Denken usw. Unsere freie Aufmerksamkeit liegt in unserer bewussten Absichtlichkeit, und unsere gebundene Aufmerksamkeit liegt in unserer unbewussten Unabsichtlichkeit oder in unsrer Mechanisiertheit. Das heißt, sobald wir etwas bewusst absichtlich tun entziehen wir dem Unabsichtlichen und Mechanischen Aufmerksamkeit, die uns jetzt zur freien Verfügung steht. Deshalb sollten wir so viele Dinge wie möglich – ob hören, schauen, empfinden, riechen, schmecken, bewegen oder denken – absichtlich tun, denn dadurch sammeln wir Aufmerksamkeit.

Was die Sammlung des Bewusstseins im leeren Raum oder im Hier und Jetzt angeht, so müssen wir uns darüber im Klaren sein, dass es sich niemals unabsichtlich oder mechanisch dort sammeln wird, weil es den kritischen Übergang zwischen Form und Formlosigkeit nicht ohne Hilfe überwinden kann. Wir aber können ihm helfen, indem wir zum Beispiel absichtlich unsere Augen auf den leeren Raum zwischen den Dingen und uns selbst richten, während wir gleichzeitig unseren Körper empfinden und unser Denken an den Zwischenraum heften. Wir können absichtlich uns selbst und alle Dinge als von diesem leeren Raum umgeben und durchdrungen empfinden. Denn dieser leere Raum unterscheidet sich nicht im Geringsten vom Hier und Jetzt oder von dem leeren Raum, der auch

Moleküle, Atome, unsere psychischen Inhalte und unsere Gedanken umgibt und durchdringt. Es ist ein einziger leerer Raum, der alles umgibt, durchdringt und enthält. Er ist das, was alles mit allem verbindet. Leerer Raum ist objektive Wirklichkeit. Deshalb könnten wir die Sammlung des Bewusstseins im leeren Raum oder im Hier und Jetzt ebenso gut die Sammlung des Bewusstseins in der objektiven Wirklichkeit nennen. Die Übungen und Methoden, die wir benutzen, um Bewusstsein im leeren Raum zu sammeln, sind somit gleichzeitig Methoden das Bewusstsein aus seiner subjektiven Versklavung zu befreien und einer objektiven Wirklichkeit zuzuführen.

Was in diesem Zusammenhang noch verstanden werden muss, ist, dass das Bewusstsein durch unsere absichtlichen Übungen und Methoden es im leeren Raum zu sammeln von den Einzeldingen defokussiert wird.

Die Defokussierung des Bewusstseins von Einzeldingen bedeutet nicht nur eine Defokussierung von den Dingen und Personen in unserer Außenwelt, sondern auch von unserem physischen Organismus und unseren psychischen Inhalten. Wenn wir diese Defokussierung beharrlich, oft und lange genug durchführen, sammelt sich das defokussierte Bewusstsein im leeren Raum und beginnt sich dort zu zentralisieren. Warum es sich zentralisiert, das wissen wir nicht. Wahrscheinlich aus demselben Grund, aus dem sich ein Zentralgestirn wie unsre Sonne inmitten eines Planetensystems zentralisiert. Ob und wann sich das Bewusstsein im leeren Raum zentralisiert, liegt nicht mehr in unserer Hand, weil wir als Menschen keinen direkten Einfluss auf diesen Zentralisierungsprozess haben können. Als Menschen können wir dem Bewusstsein lediglich über den kritischen Übergang zwischen Form und Formlosigkeit hinweghelfen. Was danach kommt geht vom defokussierten Bewusstsein selbst aus. Jede Einmischung unsererseits würde seinen Zentralisierungsprozess nur stören oder sogar verhindern, weil es dadurch wieder auf uns selbst als einen begrenzten Teil des Ganzen fokussiert würde.

Wenn es aber zu einer Zentralisierung kommt, dann wird sich alles um dieses reine zentralisierte Bewusstsein drehen, genauso wie sich die Planeten um die Sonne drehen oder wie sich bei einem Bienenvolk alles um die Königin dreht. Unsere psychischen Inhalte und unsere sogenannten „Ichs" werden zu diesem im leeren Raum zentralisierten Bewusstsein im gleichen Verhältnis stehen wie die Planeten und der Asteroidengürtel zu unserer Sonne. Es wird eine zentrale und autonome Einheit sein, ein durch sich selbst seiendes Etwas. Das zentralisierte Bewusstsein repräsentiert das wahre Ich, das wahre Selbst im Sinne von durch sich selbst seiend, oder auch den „Herrn" und den „Meister". Es stellt eine Art Gravitationsfeld dar, das die Verhältnisse umkehrt. Wurde das Bewusstsein bisher von psychischen Inhalten und Außendingen angezogen, absorbiert und zerstreut, so wird es jetzt von diesem Gravitationsfeld im leeren Raum angezogen und gesammelt.

Weil es sich im leeren Raum zentralisiert, kann es auch nicht mehr nur innerhalb oder nur außerhalb des Menschen lokalisiert werden. Es ist sowohl innen und außen, als auch überall und nirgends.

Nachdem es sich zentralisiert hat, wird es immer da sein, gleichgültig, ob wir unser Leben wie bisher oder vielleicht auch anders weiterführen werden. Es wird der ruhende Pol, die Nabe unseres Lebensrades sein.

Ob und wann sich das im leeren Raum zentralisierte Bewusstsein wieder dezentralisiert, wird ebenso wie seine Zentralisierung nicht mehr in unseren Händen liegen. Ob es sich während unseres physischen Todes, kurz danach oder erst viel später wieder dezentralisiert, wird dann vollkommen irrelevant sein, denn es wird immer aus der gleichen Grundsubstanz bestehen.

Sich voll und ganz in den leeren Raum zwischen den Dingen hineinzuentspannen ist ein wirksames Mittel

den Transformationsprozess des Bewusstseins anzustoßen.

Selbstüberwindung

Um Missverständnissen vorzubeugen müssen wir hier verstehen, dass Selbstüberwindung in Zusammenhang mit Freiheit, nicht etwa bedeutet, eine einzelne Charaktereigenschaft, eine einzelne „Schwäche" oder eine einzelne Gewohnheit zu überwinden, sondern es bedeutet ein Hinausgehen über uns selbst und allem, was wir darunter verstehen.

Selbstüberwindung, die zu einer Transformation des Bewusstseins führen soll, ist kein gewalttätiger Überwindungsakt, sondern gründet mehr auf einem Willensakt, der das Bewusstsein auf den Plan ruft und es aus seinen angenommenen Formen herauslöst.

Wenn wir fragen, wer oder was überwunden werden soll, dann lautet die Antwort: Unser Vergessen, unsere Konditionierungen, unsere Ideologien, unsere Automatismen, unsere Identifikationen und unsere Ichhaftigkeit. Kurz: Alles, was das Bewusstsein verknechtet. Das Ziel der Selbstüberwindung ist die Defokussierung des Bewusstseins von Einzeldingen, um spirituelle Freiheit zu erlangen.

Wir müssen das Vergessen überwinden, indem wir uns immer wieder an unser Vorhaben, einen inneren Transformationsprozess zu durchlaufen, erinnern, um nicht auf halber Strecke stehen zu bleiben. Denn erst,

wenn wir uns erinnern, können bestimmte Willensanstrengungen gegen unsere spirituelle Knechtschaft un-
ternommen werden. Ansonsten werden wir in einer
Art Halbschlaf auf der horizontalen Lebenslinie dahintreiben und unbemerkt von unseren Konditionierungen, Ideologien und gedanklichen oder emotionalen
Assoziationsmustern gesteuert. Und schließlich müssen wir uns so oft wie möglich auch daran erinnern,
dass wir im Grunde *leer* oder leerer Raum sind.

Um uns so oft wie möglich an unser Vorhaben und unsere innere Leere zu erinnern, können wir beispielsweise dieses Buch mehrmals lesen, was uns immer
wieder neue Perspektiven öffnet, wir können eine bestimmte Zeit für unsere täglichen Übungen festlegen
oder können während unserer alltäglichen Aktivitäten
einfach mal innehalten und unsere Aufmerksamkeit
auf die Leere richten. Wir können aber auch schockierende Ereignisse im Weltgeschehen, von denen wir
hören oder die wir selbst erleben, als auch kleinere
Dinge die uns in unserem alltäglichen Leben widerstre-
ben, zu Erinnerungsfaktoren oder zu einer Art „Aufwe-
cker" umfunktionieren. Und wenn wir uns dann an unser Vorhaben erinnern, dann können wir eine kleinere
oder größere Willensanstrengung in Richtung Sammlung des Bewusstseins im leeren Raum machen.

Unsere Konditionierungen, Ideologien und Automatismen müssen überwunden werden, weil diese uns glauben machen, zu wissen, was wir in Wirklichkeit nicht wissen, oder weil sie uns von unserer Originalität trennen und uns zu Schattenkopien eines religiösen, politischen oder gesellschaftlichen Establishments machen. Kurz: weil sie uns spirituell versklaven.

Wir müssen uns also bei allem was wir glauben, fühlen, denken und tun, fragen, ob das wirklich von uns selbst, aus unserem eigenen Wesen, aus unserer eigenen Einsicht kommt oder ob es einfach nur anerzogen, aufgesetzt und nachgeahmt ist.

Nicht zuletzt müssen auch unsere Identifikationen und unsere Ichhaftigkeit überwunden werden. Denn sie sind der Klebstoff oder die Ketten, die unser Bewusstsein an Konditionierungen, an Ideologien, an psychische Inhalte, an Personen, an Besitztümer und an Dinge binden. Sie machen uns glauben, zu sein, was wir nicht sind und zu besitzen, was uns nicht gehört und auch nie gehören wird.

Identifikationen und Ichhaftigkeit verketten uns nicht nur, sondern sie beschränken auch unser Gesichtsfeld und lassen uns die Welt wie durch Scheuklappen sehen.

Wir sollten uns deshalb, wann immer wir „Ich" oder „Mein" sagen, fragen: „Bin ich das wirklich?" oder „Ist das wirklich mein; besitze ich diese Sache oder werde ich von ihr besessen?" Denn wenn das „Ich" falsch ist, ist auch das „Mein" falsch.

„Ich" und „Mein" sind bloße Redewendungen oder Einbildungen, die uns versklaven. Sie fokussieren und fixieren das Bewusstsein auf Einzeldinge, auf Meinungen, Vorstellungen, Gedanken und Gefühle usw. Sie halten das Bewusstsein unterjocht und nehmen es in Beschlag.

Wir können dem Bewusstsein diese Ketten, dieses Joch und diese Beschlagnahmung zwar nicht direkt abnehmen, aber wir können es defokussieren, indem wir seinen Fokus in den leeren Raum verlegen. Dann lösen sich die Ketten, die es binden, nach und nach ganz von selbst.

Wir sehen hier auch, dass eine Überwindung der Identifikationen und der Ichhaftigkeit nicht mit einer Art „egoloser Großzügigkeit", die nämlich selbst aus Identifikationen und Ichhaftigkeit entsteht, gleichzusetzen ist. Denn wenn wir mit solch einer „egolosen Großzügigkeit" identifiziert sind und zum Beispiel sagen, „was bin ich doch für ein großzügiger Mensch", dann läuft die Katze auf den alten Füßen, dann sind wir immer noch identifiziert und der Ichhaftigkeit unterjocht.

Wenn wir in Bezug auf Selbstüberwindung von Willensanstrengung sprechen, dann ist damit auch ein aktives Nichthandeln gemeint. Das heißt, wir können aktiv in einen Denk- oder Handlungsprozess eingreifen und nicht handeln, indem wir den Gedanken und Handlungsimpulsen nicht Folge leisten. Wenn wir beispielsweise einen begonnenen, gewohnten Bewegungsablauf absichtlich unterbrechen, innehalten und weiter nichts tun, wenn wir einem angestoßenen Gedankengang absichtlich nicht weiter folgen, wenn wir einem Handlungsimpuls absichtlich nicht Folge leisten, bevor er unseren Körper in Bewegung setzt, usw., dann ist das aktives Nichthandeln.

Damit unser aktives Nichthandeln nicht zu einem passiven Nichtstun wird, wodurch sich unser Bewusstsein wieder in einen anderen Prozess verwickeln würde, müssen wir während unseres Nichthandelns darauf achten, den auslösenden Denk- oder Handlungsimpuls im Auge zu behalten.

Angenommen wir unterbrechen einen Gedankengang, dann müssen wir den Impuls des Weiterdenken Wollens verspüren, während wir den Gedankengang aber nicht weiterdenken. Oder, wenn wir einen Bewegungsablauf stoppen, dann müssen wir den Impuls uns weiter zu bewegen verspüren aber unseren Körper ruhig halten. Wenn wir einem Handlungsimpuls nicht Folge leisten, dann müssen wir den Wunsch oder Impuls etwas zu tun im Auge behalten aber ihm trotzdem nicht folgen. Auf diese Weise stellen wir unser reflektierendes Bewusstsein x-beliebigen Impulsen gegenüber, ohne uns darin verwickeln zu lassen. So wird ein Spannungsfeld zwischen reflektierendem Bewusstsein und den Impulsen erzeugt. Die dadurch freiwerdende Energie fließt dann, solange wir einem Impuls nicht Folge leisten und ihn gleichzeitig im Auge behalten, dem reflektierenden Bewusstsein zu.

Das aktive Nichthandeln sollte stets ein Bestandteil der Selbstüberwindung sein.

Wir können uns dazu im Laufe des Tages ruhig immer wieder mal für einige Minuten hinsetzen, um diese Art des aktiven Nichthandelns zu üben.

Obwohl wir immer wieder Willensanstrengungen unternehmen müssen, uns selbst zu überwinden, wird der letzte Schritt, um die Selbstüberwindung zur Vollendung zu bringen, am Ende darin bestehen, auch unser Wollen zu überwinden, was schließlich zur vollkommenen Hingabe an den leeren Raum führt. Doch die Furcht, dadurch zu einem „willenlosen Subjekt" zu werden, kann einen Menschen daran hindern, diesen letzten Schritt der Selbstüberwindung zu gehen. Aber diese Furcht ist vollkommen unbegründet, weil dieser letzte Schritt zunächst den größtmöglichen Willen, der für einen Menschen möglich ist, erfordert; und sobald dieser Schritt getan ist, der Mensch seine größtmögliche Freiheit, nämlich die Freiheit von sich selbst, erlangt hat und damit jenseits von Wollen oder Nichtwollen steht. Vollendete Selbstüberwindung bedeutet, sich selbst und damit auch den Menschen überwunden zu haben.

Unglücklicherweise wird der Wille, den der Mensch zu seiner Selbstüberwindung nutzen könnte, oft fehlgeleitet, was zu den katastrophalen Folgen führt, dass er anstatt sich selbst zu überwinden, versucht andere Wesen seiner Art gewaltsam zu unterjochen. Nach außen projiziert, wird sein „Willensakt" zum Gewaltakt und zum Kampf *für* oder *gegen* irgendwelche Ideologien. Meist wird dieser Kampf von unlauteren, fehlgeleiteten Impulsen bestimmt und beginnt dann in kleinerem oder größerem Ausmaß auszuarten. Solche Ausartungen reichen von kindischen Streitereien und Machtkämpfen, über psychische Gewalt, Ausbeutung, Körperverletzung, Folter, Vergewaltigung und Mord, bis hin zu großen Kriegen und Völkermorden. Die fehlgeleiteten Impulse, die oft in Machthunger und Habsucht oder Ähnlichem münden, sind meist pervertierte aus der Tierwelt stammende Abkömmlinge. Solche für den wahren Menschen widernatürlichen Impulse werden oft in religiöse oder politische Ideologien gekleidet, um sie auf diese Weise zu rechtfertigen.

Solange der Mensch seinem tierischen Organismus verhaftet bleibt, solange wird es für solche Ausartungen auch keine dauerhaften Lösungen geben. Diplomatische Lösungen werden, wenn überhaupt, ebenso wie gewaltsame Lösungen nur kurzfristige und vorübergehende „Lösungen" bleiben.

Wenn wir nach dem Sinn oder der Sinnlosigkeit solcher pervertierten Machtkämpfe und Kriege fragen, dann müssen wir als objektive Betrachter neben einer möglichen Sinnlosigkeit solcher Ausartungen auch in Betracht ziehen, dass es in der Natur Selbstregulierungsmechanismen gibt, die Kriegen, Hungersnöten, Seuchen und anderen Katastrophen insofern einen Sinn geben können, dass sie die unaufhaltsam fortschreitende Überbevölkerung unseres Planeten in gewissem Maße wieder zu reduzieren helfen. Denn eine ausgeartete Überbevölkerung kann das gesamte organische Leben auf dem Planeten durcheinanderbringen. Objektiv gesehen gleicht nämlich eine Überbevölkerung des Planeten einer übermäßigen Ausbreitung von Ungeziefer, das vernichtet werden muss, um das natürliche Gleichgewicht wiederherzustellen.

In dieser Hinsicht kennt die Natur kein Pardon, wie auch die tierische Natur des Menschen kein Pardon kennt. Nur ein neuer, wahrer Mensch könnte Pardon zeigen. Denn wenn wir den jetzigen Menschen betrachten, dann sind sein „Mitleid" und seine „humanitären Hilfen" eher unglaubwürdig, wenn wir sehen, dass kurz vor und nach einem Hilfskonvoi in ein Kriegsgebiet die Waffen für die Kriegsparteien geliefert werden. Wie sollen Organisationen wie die Welthungerhilfe wirklich helfen können, wenn die Ursachen der Not nicht beseitigt werden und die Weltbevölkerung weiter so rasant zunimmt wie sie es gerade tut. Oder wie sollen Flüchtlingshilfsorganisationen dauerhaft helfen können, wenn sich bestimmte Gebiete auf dem Planeten zu regelrechten Flüchtlingsfabriken gewandelt haben, die unaufhörlich weiterproduzieren und ständig ihre Produktion steigern.

Wie dem auch sei, der ausgeartete Mensch ist nicht mehr Herr seiner selbst. Etwas agiert in ihm und steuert ihn. Fehlgeleitete Unzufriedenheit, Gier, Hab- und Herrschsucht, planetarische Spannungsfelder, fehlgeleitete Reproduktion, fehlgeleitete Hilfsbemühungen und Vernichtungsdrang lenken und versklaven ihn.

Solange der Mensch sich selbst nicht überwindet und zu einem neuen, wahren Menschen wird, wird sich daran auch nichts ändern. Seine sogenannten „humanitären Hilfen", Friedensappelle und Bemühungen werden lediglich seiner Selbstberuhigung dienen, nicht aber der Menschheit.

Fiktion und Wahrheit

Ein fiktiver „Himmel" und eine fiktive „Hölle" oder „Zuckerbrot und Peitsche" sind für Religionen, für gesellschafts- und wirtschaftspolitische Systeme das Mittel der Wahl, um den Menschen ideologisch zu konditionieren und zu unterjochen. Sie drohen mit „Höllenqualen", wenn der Mensch ihrem Diktat nicht folgt, und sie versprechen ein „Glück", „Wohlstand" und „paradiesische Freuden", wenn er ihrem Diktat Folge leistet.

Dazu finden wir in „Beelzebubs Erzählungen für seinen Enkel"[1] eine, hier sinngemäß wiedergegebene, interessante Geschichte über einen König namens Konuzion, dessen Volk dem Opiumkonsum verfallen war und dadurch immer fauler und unnützer wurde. Um diesem Treiben ein Ende zu setzen, erfand der König eine Religion, die den Menschen nach ihrem Tod mit Höllenqualen drohte, wenn sie weiter Opium konsumieren würden, und die ihnen himmlische Freuden versprach, wenn sie vom Opiumkonsum ablassen und sich nützlich machen würden. Daraufhin ließ der Opiumkonsum des Volkes nach und es zeigte sich fleißig und nützlich usw.

---

[1] G. I. Gurdjieff: Beelzebubs Erzählungen für seinen Enkel

In dieser Geschichte finden wir den Ursprung einer heute noch verwendeten Redewendung, die da lautet: „Religion ist Opium für das Volk."

Abgesehen von solchen fiktiven „Höllenqualen" und fiktiven „himmlischen Freuden" nach dem Tod, gibt es aus spiritueller Sicht auch einen realen Himmel und eine reale Hölle. Vom spirituellen Standpunkt aus gesehen sind Himmel und Hölle nämlich Zustände des Bewusstseins.

Himmel wird mit dem zentralisierten Bewusstsein im leeren Raum gleichgesetzt, da es sich hier in einem glückseligen Zustand der Einheit befindet. Dieser glückselige Zustand ist nicht von irgendwelchen Bedingungen abhängig, wie es das „Glück" ist, das durch die Erfüllung von Wünschen, Bestrebungen und Trieben zustande kommt. Glückseligkeit ist auch nicht das Glücksempfinden, das wir manchmal erleben, wenn auf eine extreme Anspannung die Entspannung folgt, wenn auf sorgenvoller Belastung eine Erleichterung, oder wenn auf quälendem Schmerz ein Nachlassen des Schmerzes folgt, usw. All das ist bedingtes Glück und hat mit Glückseligkeit nichts zu tun. Glückseligkeit hingegen ist bedingungslos, weil sie zur Natur des von Formen und Bindungen befreiten Bewusstseins selbst gehört. Glückseligkeit gehört zu einer Dreieinigkeit, die in den Upanischaden als „Sat-Chit-

Ananda" bezeichnet wird. Dabei steht „Sat" für Wahrheit, „Chit" für Bewusstsein und „Ananda" für Glückseligkeit.

Himmel hat in diesem Sinne auch nichts damit zu tun, ob wir „Gutes" oder „Böses" getan haben, tun oder tun werden. Denn der wahre Himmel liegt jenseits von „Gut" und „Böse". Wenn wir mit dem „Guten" identifiziert sind, ist der wahre Himmel ebenso wenig erreichbar, wie wenn wir mit dem „Bösen" identifiziert sind. Es liegt also nicht daran, was wir tun oder nicht tun, sondern daran, ob wir mit unserem Tun identifiziert sind oder nicht. Ob wir aber überhaupt etwas „Böses" tun können, wenn wir nicht mit unserem Tun identifiziert sind, ist eine andere Frage. Und ob wir überhaupt etwas „Gutes" tun können, wenn wir mit unserem Tun identifiziert sind, ist wiederum eine andere Frage. Und noch eine andere Frage ist es, ob es überhaupt ein objektiv Gutes oder Böses gibt. So stellt es sich von einer höheren Warte aus betrachtet dar. Und dennoch müssen wir mit in Betracht ziehen, dass alles, was wir auf der Ebene des natürlichen Menschen getan haben, tun oder tun werden, karmische Verstrickungen mit sich bringt, die im positiven oder negativen Sinn vergolten werden müssen. Um das Bewusstsein von den karmischen Verstrickungen zu lösen und zu reinigen, müssen wir einer solchen Vergeltung erst

Rechnung tragen, indem wir die aus diesen Verstrickungen entstandenen Leiden und Widrigkeiten in Stille ertragen, ohne darauf zu reagieren und erneute Verstrickungen zu schaffen. Denn nur ein reines und gelöstes Bewusstsein kann in den wahren Himmel eintreten.

Es kann auch nicht an irgendeinem anerzogenen Moralkodex liegen, ob der wahre Himmel erreichbar ist oder nicht. Der wahre Himmel ist nämlich der leere Raum zwischen den Galaxien, zwischen den Sternen, zwischen den Dingen, zwischen den Molekülen, zwischen den Atomen und zwischen den einzelnen Bestandteilen der Atome. Er liegt nicht in der Vergangenheit und auch nicht in der Zukunft. Er liegt nicht im Innen und auch nicht im Außen. Er ist immer und überall da und nur für das reine, ungebundene, formlose Bewusstsein erreichbar. Weil der wahre Himmel der leere Raum ist, der alles durchdringt und alles in sich enthält, kann er auch nicht das Gegenteil der Hölle sein, die nur in unserem subjektiven Erleben existiert. Obwohl er der leere Raum zwischen den Dingen ist, ist er dennoch raum- und zeitlos. Der wahre Himmel liegt jenseits der Gegensätze und enthält diese gleichzeitig. Himmel ist der Zustand der vereinten Gegensätze; Hölle ist der Zustand der getrennten, sich bekämpfenden Gegensätze.

Was vom spirituellen Standpunkt aus als Hölle bezeichnet wird, ist das durch Identifikation in Formen, Ideologien und psychischen Instanzen gebundene und in der Welt der polarisierten Gegensätze verknechtete Bewusstsein, das sich zwar lösen will, sich aber nicht lösen kann und immer wieder in den Kampf der Gegensätze verwickelt wird.

Das bedeutet auch, dass der Mensch als Übergang zwischen Form und Formlosigkeit bereits in der Hölle lebt. Aber er erkennt diese Hölle meist überhaupt nicht oder nur sporadisch und vage, wenn ihm schweres Leid widerfährt. Denn er hat sich über die Jahrtausende eine Menge an Strategien einfallen lassen, um seine Höllenqualen durch eine fiktive Wirklichkeit so erträglich wie möglich zu machen oder diese ganz und gar nicht zu bemerken.

Eine solche Strategie ist zum Beispiel die Annahme einer möglichen „Hölle" nach dem Tod eines Menschen. Die Logik dabei ist dann die: Wenn die Hölle in der Zukunft oder in irgendeinem Jenseits liegt, dann kann sie nicht hier und jetzt und damit auch nicht bei ihm sein. Oder eine andere Strategie besteht darin, an eine Erlösung, die ebenfalls in ferner Zukunft in irgendeinem fiktiven Himmel liegt, zu glauben. Dabei hofft er stets auf ein besseres, glückverheißendes Morgen, um seinen jetzigen Zustand erträglicher zu machen.

Wiederum eine andere Strategie ist es, sich viele kleine meist unbedeutende „Probleme" oder auch „Glücksmomente" zu schaffen, die ihn von der Wirklichkeit ablenken oder die zumindest als Puffer funktionieren, um den Zusammenstoß mit der Wirklichkeit abzumildern.

Die Grundlage dafür, dass der Mensch solche Ablenkungsmanöver vollführen kann, liegt an seiner Fähigkeit, sich Dinge einzubilden, und in der Natur selbst. Letztere muss nämlich dafür sorgen, dass das Organ Mensch als Übergang oder als Brücke zwischen geformtem und formlosem Bewusstsein erhalten bleibt und er deshalb die Wirklichkeit auch nicht vollständig erkennen darf. Das ist auch der Grund, warum nicht alle Menschen von ihrem „Kreuz", ihrem Joch oder von ihrer Knechtschaft als Bedienstete der Natur oder des Kreislaufs des Bewusstseins erlöst werden können.

Von diesem Standpunkt aus gesehen darf eine bestimmte Anzahl an Menschen die Transformationsebene des natürlichen Menschen nicht verlassen, damit ein lückenloser Übergang im Kreislauf des Bewusstseins erhalten bleibt. Und das ist nur möglich, wenn diese bestimmte Anzahl an Menschen die Wirklichkeit ihrer existenziellen Versklavung und somit ihrer Hölle nicht erkennt. Nebenbei bemerkt ist diese existenzielle Versklavung auch die Grundlage für die ideologischen Versklavungen des Menschen.

Wenn der Mensch sein ideologisches und existenzielles Sklaventum nicht als solches erkennt, wird er auch keine Anstrengungen machen, sich zu befreien. Das heißt, er wird sein Leben, von seiner Geburt bis zu seinem Tod, auf seiner horizontalen Lebenslinie verbringen, ohne jemals ins Hier und Jetzt der vertikalen Transformationslinie, der einzigen objektiven Wirklichkeit, wo sein wahres Sein beginnt, einzutreten.

Die Hölle des Menschen liegt also nicht, wie er glaubt, in irgendeiner Zukunft, sondern er befindet sich bereits mittendrin. Die Hölle liegt in seiner zweigeteilten Natur, sie gehört zu ihm. Deshalb besteht aus spiritueller Sicht das Leben aus Leiden.

Das Hauptleiden des Menschen liegt im Tod, in der Sterblichkeit aller Dinge und Formen. Je mehr er mit Dingen, Ideologien oder psychischen Inhalten identifiziert ist, desto mehr klammert er sich an diese und desto mehr leidet er, wenn diese Dinge vergehen. Der Tod dieser Dinge bedeutet dann für ihn so viel wie seinen eigenen Tod.

Die Rolle, die der „Teufel" als „oberster Herrscher der Hölle" in diesem Drama spielt, ist es, den Menschen durch Vorspiegelung falscher Tatsachen von der Wirklichkeit oder der Wahrheit fernzuhalten und ihn dadurch an sein Sklaventum auf der horizontalen Lebenslinie zu binden. Der Teufel befindet sich also ebenso wie Himmel und Hölle nicht außerhalb vom Menschen, wie es uns manche Religionen weiß machen wollen, sondern ist dem natürlichen Menschen als wirklichkeitsverzerrender Faktor eingepflanzt, damit er seine wirkliche Situation nicht erkennt und sein Leben als zweigeteiltes Wesen in der Hölle weiterführt.

Wir sehen hier, dass der natürliche, zweigeteilte Mensch selbst der Teufel ist, welcher in mittelalterlichen Teufelsbildern oft als halb Tier und halb Mensch dargestellt wird.

Erst nachdem ein Mensch zumindest einen Schimmer vom befreiten, formlosen Bewusstsein erhalten hat, wird er seine Versklavung und seine Hölle, in der er als natürliches, zweigeteiltes, ambivalentes Wesen zwischen den Gegensätzen lebt, erkennen können. Erst dann wird er versuchen sich selbst und damit auch seine Hölle zu überwinden. Ansonsten wird er sich in seiner fiktiven Wirklichkeit immer wieder im Kreise drehen oder auf der Stelle treten.

Die Vision vom wahren Menschen

Der wahre Mensch ist ein neuer Mensch oder, wenn man so will, auch ein Übermensch, denn er hat den natürlichen Menschen überwunden. Weil der natürliche Mensch im Vergleich zum wahren Menschen mehr nach dem „Niederen", das heißt, nach der Erfüllung seiner tierischen Triebe, seiner Instinkte und selbstsüchtigen Tendenzen wie Hab- und Machtgier usw. trachtet, werden wir ihn im Folgenden auch als den „niederträchtigen Menschen" bezeichnen.

Um uns ein möglichst klares Bild vom wahren Menschen oder vom Übermenschen machen zu können, werden wir in diesem Kapitel den natürlichen oder niederträchtigen Menschen etwas näher betrachten, denn nur so können wir einen entsprechenden Kontrast schaffen, wodurch die unterscheidenden Konturen für uns erkennbarer werden. Ferner sei dem Leser hier noch gesagt, dass er dieses Kapitel erst dann in seinem ganzen Umfang verstehen wird, wenn er die vorhergehenden bereits verstanden hat.

Der neue Mensch ist der Mensch, der einen spirituellen Transformationsprozess durchlaufen hat. Er hat das Bewusstsein aus seinen Identifikationen mit dem physischen Organismus, mit Ideologien aller Art und psychischen Inhalten gelöst bzw. *erlöst* und somit die

Niedertracht des natürlichen Menschen überwunden. Es ist der Mensch, der über sich selbst als Brücke und als Übergang hinweggegangen ist. Er hat während seines Transformationsprozesses seine Leiden als zweigeteiltes, identifiziertes Wesen in der Welt der polarisierten Gegensätze bewusst ertragen und so den Erlös für seine Erlösung bezahlt. Weil er sich selbst als zweigeteiltes Wesen überwunden hat, ist er zum Übermenschen geworden, was aber nicht bedeutet, dass er deshalb mit Verachtung auf den natürlichen, zweigeteilten und niederträchtigen Menschen herabblickt.

Der neue Mensch weiß, dass er einst selbst ein solcher Mensch war, der im Morast der polarisierten Gegensätze, des Überlebenskampfes, der Ideologien sowie der Identifikationen leben und dem Demiurgen des Kreislaufs des Bewusstseins dienen musste. Er wird deshalb lediglich Mitgefühl für diejenigen empfinden, die ihr Leben in Zwei Geteiltheit, Niedertracht und Feindseligkeit verbringen müssen.

Der neue Mensch wird seine Übermenschlichkeit auch nicht zur Schau tragen, wie der niederträchtige und identifizierte Mensch all das zur Schau trägt, was er zu sein glaubt, was er erworben hat und was er zu besitzen glaubt. Der natürliche, niederträchtige Mensch muss nämlich all diese Dinge zur Schau tragen, um Aufmerksamkeit, Anerkennung und Bewunderung von

Anderen zu erhalten. Weil er im Grunde ein Nichts und ein Niemand ist, braucht er diese Aufmerksamkeit, Anerkennung und Bewunderung von außen, um seine falschen Identitäten und Selbstbilder zu nähren und aufrechtzuerhalten. Was wir dabei aber auch sehen müssen, ist, dass er dies nicht nur durch entgegengebrachte Anerkennung und Bewunderung erreicht, sondern oft auch durch Gegenteiliges, indem er Argwohn, Ablehnung oder sogar Hass in anderen gegen sich erregt, um auf diese Weise die entsprechende Aufmerksamkeit zu erhalten. Jedenfalls sind es immer zur Schau getragene Dinge, Verhaltensweisen und Extravaganzen, die ihn unter seinesgleichen hervorheben und profilieren sollen, um sich durch die entgegengebrachte Aufmerksamkeit in seinem sogenannten „Ich" geschmeichelt zu fühlen und ihm das Empfinden zu geben, ein individuelles Sein zu besitzen. Er tut all diese Dinge, oder besser gesagt, er *muss* all diese Dinge tun, weil er im Grunde heimatlos ist und weil er weder einen einheitlichen Willen, ein wirkliches Ich, ein wirkliches Sein, noch eine wahre Individualität besitzt.

Weil der niederträchtige Mensch *nur* in der Welt der polarisierten und sich bekämpfenden Gegensätze lebt, kann er auch in sich selbst keine Einheit und damit auch keine wahre Individualität im Sinne von

Unteilbarkeit besitzen. Weil er keine Unteilbarkeit besitzt, kann er auch kein einheitliches Ich besitzen. Und weil er kein einheitliches Ich besitzt, kann er auch keinen einheitlichen Willen besitzen. Er muss sich selbst und anderen all diese Eigenschaften vorgaukeln, um sich die unangenehme Wahrheit, dass er den Launen seiner Natur, seinen Ideologien und seinen Konditionierungen verknechtet ist, vom Leib zu halten.

Dem neuen Menschen oder dem Übermenschen hingegen sind solche Dinge wie wahre Individualität, einheitliches Ich und einheitlicher Wille eigen. Und genau deswegen braucht er sie nicht zur Schau zu tragen. Weil sein Bewusstsein im leeren Raum geeint und zentriert ist, besitzt er wahre Unteilbarkeit oder Individualität. Er besitzt ein wirkliches Ich, das seinen Sitz im geeinten Bewusstsein im leeren Raum hat und deshalb an keine Form und an keinen psychischen Inhalt gebunden ist. Es ist etwas durch sich selbst Seiendes, das bedingungslos und unvergleichlich ist, weshalb es auch nicht mit irgendeinem „Ich", das in der Welt der polarisierten Gegensätze entstanden ist, verglichen werden kann. Es hat auch nichts mit dem „Es", dem „Ich" oder dem „Über-Ich" der Freud'schen Psychologie zu tun, denn diese bewegt sich lediglich auf der Ebene der polarisierten Gegensätze. Weil das Ich des Übermenschen durch sich selbst ist, wird es auch als

„wahres Selbst", als „Herr" oder als „Meister" bezeichnet. Es hat nichts mit irgendeinem persönlichen „Ich" zu tun. Genauso wie der Wille des Übermenschen nichts mit einem persönlichen Willen oder mit einem Eigenwillen zu tun hat. Sein Wille ist im leeren Raum geeint, und weil er sich im leeren Raum befindet, ist er auf nichts ausgerichtet und deshalb auch frei. Von diesem Standpunkt aus bedeutet Freier Wille nicht die Freiheit „tun und lassen zu können was immer man will" – denn dies wäre gebundener, bedingter und unfreier Wille – sondern es bedeutet Willen zu besitzen, der frei von jeder Art Absicht oder Ziel ist. Wille ohne Absicht und Ziel ist sich selbst erfüllender Wille.

Der niederträchtige Mensch hingegen besitzt weder einen freien noch einen eigenen Willen, auch wenn er davon träumt. Sein „Wille" wird von psychophysischen Instanzen wie Instinkten, Trieben, Konditionierungen und Ideologien bestimmt. Durch Identifikation mit diesen Instanzen und Ideologien hält er deren Tendenzen für seinen eigenen Willen und wähnt ihn als „frei", wenn er diesen Instanzen oder Ideologien Folge leistet.

Bewusstsein, Selbst und Wille des neuen Menschen verschmelzen im leeren Raum zu einer untrennbaren Einheit und es kommt zur Individuation. Für ein so entstandenes Individuum ist es nicht mehr notwendig sich durch Extravaganzen von anderen Menschen abzuheben, um sich selbst und anderen seine „Individualität" zu beweisen. In der Welt der polarisierten Gegensätze bedeutet nämlich „Individualität" den größtmöglichen Unterschied zwischen sich und den anderen herauszustellen, während in der Welt der Einheit Individualität schlicht und einfach unteilbar zu sein bedeutet.

Der neue Mensch kann es sich daher leisten ein ganz einfacher Mensch zu sein, der vielleicht ganz unscheinbar und von der Öffentlichkeit unbemerkt sein Leben verbringt oder aber auch als herausragendes Wesen die große Bühne des Lebens betritt. Aber selbst dann, wenn er die große Bühne betritt, wird es nichts an seiner Einfachheit und Einheit ändern. Er wird sich äußerlich nicht sichtbar von anderen Menschen unterscheiden. Er kann menschliche Schwächen haben, kann leiden, lieben und hassen, sich freuen und trauern, kann feiern, gutes Essen genießen und sich an den schönen Dingen des Lebens erfreuen usw. Kurz: Er kann das Leben in vollen Zügen auskosten. Aber er wird, im Gegensatz zum niederträchtigen Menschen, niemals mehr den Kontakt zum leeren Raum oder zu seinem Urgrund verlieren. Dadurch wird er furchtlos und kann das Leben mehr genießen als der niederträchtige

Mensch, der sich immer wieder in der Welt der polarisierten Gegensätze verliert und ständig von der Furcht, zu verlieren, was er zu besitzen glaubt, oder von der Gier, etwas zu besitzen, getrieben ist.

Lediglich in seinem Inneren wird sich der neue Mensch vom niederträchtigen Menschen unterscheiden: Seine Wohnstatt ist der leere Raum und er ist innerlich zu seinem Urgrund zurückgekehrt. Sein im leeren Raum gesammeltes Bewusstsein gleicht einer Sonne mit einem Gravitationsfeld, das all seine psychophysischen Instanzen um sich anordnet, wie die Sonne eines Planetensystems ihre Planeten um sich anordnet, oder wie das Zentrum einer Galaxie alle in ihr befindlichen Sonnen und Planetensysteme um sich ordnet. Der neue Mensch ist zu einem wahren Mikrokosmos, zu einem Abbild des großen Ganzen geworden. Wenn er sich hinab in die Welt der polarisierten Gegensätze beugt und sich dort verliert, wird er sich alsbald auch wieder erinnern, dass da im leeren Raum etwas auf ihn wartet und ihn ruft.

Er braucht dann nur seine Aufmerksamkeit auf den leeren Raum zu richten, um wieder das zu sein, was er wirklich ist. Dadurch, dass er den kritischen Übergang zwischen dem sekundären oder geformten und dem primären oder formlosen Bewusstsein überwunden hat, ist er zu einem Brückenglied oder zu einem Kanal auf der obersten Transformationsebene geworden. Allein wenn er seine Aufmerksamkeit sowohl auf die Welt der polarisierten Gegensätze als auch auf den leeren Raum richtet, entsteht in ihm ein Strömen, ein aufwärtsgerichteter Strom, welcher der Welt der polarisierten Gegensätze entspringt und in der Einheit im leeren Raum mündet. In diesem Aufwärtsstrom wird geformtes Bewusstsein in ungeformtes Bewusstsein transformiert. Dadurch erfüllt der neue Mensch seine Bestimmung. Er dient dem Kreislauf des Bewusstseins und ist gleichzeitig *frei*. Auf diese Weise trachtet er, im Gegensatz zum niederträchtigen Menschen, *freiwillig* nach oben.

Wir bezeichnen den niederträchtigen Menschen als nach unten trachtend, weil er unterhalb des kritischen Übergangs zwischen geformtem und ungeformtem Bewusstsein stehenbleibt, weil er das Bewusstsein in der Welt der polarisierten Gegensätze zerstreut und so seine nie endende Hölle kreiert.

Wenn der niederträchtige Mensch nach „oben" trachtet, dann bewegt er sich unterhalb des kritischen Übergangs auf der oberen Transformationsebene und trachtet innerhalb der Welt der polarisierten Gegensätze nach mehr Anerkennung, Erfolg, Ruhm und Macht usw., aber nicht nach der Erfüllung seiner Bestimmung. Wenn er nach „oben" trachtet, dann ist er vom spirituellen Standpunkt aus immer noch niederträchtig, zumal er dabei meist nach „unten" tritt, damit ihm andere nicht streitig machen, was er anstrebt.

Der neue Mensch ist über seine anerzogene Moral hinausgewachsen. Er hat daher keine Moral im herkömmlichen Sinn, ist aber auch nicht unmoralisch. Seine Moral kommt einzig und alleine aus seinem freien Bewusstsein und der Gewissheit, dass alles aus dem gleichen Urstoff gemacht ist. Diese Gewissheit macht das echte Gewissen des neuen Menschen aus und unterscheidet sich vom „Gewissen" des niederträchtigen Menschen dadurch, dass es nicht durch Erziehung, Ideologien oder Nachahmung entstanden ist, sondern durch Einsicht. Er weiß, dass das, was er andern antut auch sich selbst antut.

Die „Moral" und das „Gewissen" des niederträchtigen Menschen entstehen alleine aus seiner Erziehung, aus Nachahmung und aus den Konditionierungen seines sozialen Umfeldes. So kann es sein, dass wir in fast allen Religionen, gesellschaftlichen Institutionen, Organisationen und Sippschaften unterschiedliche Moralkodexe finden. Was für die einen moralisch ist, ist für die anderen vollkommen unmoralisch. So ist es in manchen Gesellschaftsformen, wenn bestimmte Bedingungen erfüllt sind, moralisch vollkommen legitim einem   anderen   Menschen   die   Kehle durchzuschneiden, während dies in anderen Gesellschaftsformen als höchst unmoralisch gilt. Ein Kennzeichen solch anerzogener Moral ist oft ein ihr anhaftender Fanatismus und die Tendenz die eigene „Moral" anderen, notfalls auch mit Gewalt, aufzudrängen. Wir müssen hier aber auch sehen, dass die anerzogene Moral für den niederträchtigen Menschen eine Notwendigkeit ist, weil sie seine Niedertracht zumindest so weit in Schach halten kann, um wenigsten innerhalb seiner eigenen Gemeinschaft ein relativ geordnetes Zusammenleben führen zu können.

Für den neuen Menschen hingegen ist anerzogene Moral keine Notwendigkeit mehr. Weil er ein echtes Gewissen besitzt, kann er es sich leisten, amoralisch zu sein. Da er frei von jeder ideologischen Moral ist, kann er auch dem Prinzip der Nichteinmischung folgen.

Er wird sich daher nicht in die Angelegenheiten anderer einmischen aber er wird es auch nicht zulassen, dass sich andere in seine Angelegenheiten einmischen. Da sein Hauptaugenmerk auf einem inneren Transformationsprozess liegt, zu dem nur er selbst Zugang hat, wird es ihm meist auch nicht sonderlich schwerfallen, andere von einer Einmischung abzuhalten. Denn aufgrund seiner Amoralität kann er sich äußerlich, zumindest dem Schein nach, meist jeder gesellschaftlich vorgegebenen Moral anpassen, während sein innerer Transformationsprozess von anderen unbemerkt weiterläuft. Auf diese Weise kann er dem Leben dienen und trotzdem seine Freiheit im leeren Raum bewahren. Weil der leere Raum seine Wohnstatt ist, wird er innerlich keinem Glauben, keiner Religion, keinem Ismus und keiner Ideologie jedweder Art angehören.

Während der niederträchtige Mensch glaubt oder auch zweifelt und sich Fragen stellt, wie „Gott" es wohl zulassen kann, dass solche schrecklichen Dinge wie Hungersnöte, Kriege, Folter, Machtmissbrauch, Mord und Totschlag usw. in der Welt geschehen können, weiß der neue Mensch, dass solche Dinge zur Welt der polarisierten Gegensätze gehören und dass „Gott" oder eine höhere Instanz auf diese Dinge keinen direkten Einfluss nehmen kann. Denn die Welt der getrennten Gegensätze hat ihre eigenen Gesetzmäßigkeiten und ist in dieser Hinsicht zu weit von der ursprünglichen Einheit alles Seienden entfernt. Es ist so, als solle das Zentrum unserer Galaxie direkten Einfluss darauf nehmen können, welches Schicksal einem einzelnen Menschen widerfahren soll oder nicht.

Der neue Mensch weiß, dass die Welt der polarisierten Gegensätze auf den unteren Stufen eine Welt des Zufalls oder auch die Welt des „Glück-" und „Unglückhabens" ist und dass hier nur ein absichtlicher innerer

Transformationsprozess den Menschen aus seiner misslichen Lage befreien und seiner ursprünglichen Einheit näher bringen kann.

Deshalb wird der neue Mensch seinen Nachkommen die Freiheit von der Welt der polarisierten Gegensätze lehren und ihnen kein Nachtodparadies versprechen, wenn sie dieses oder jenes tun. Seine Schulsysteme werden mehr auf die mögliche Freiheit des Menschen ausgerichtet sein als auf die Produktion von intellektuell überzüchteten Automaten, die lediglich wirtschaftlichen und politischen Interessen dienen und die mit Lug und Trug über Leichen gehen, um ihre persönlichen Besitz-, Macht- und Herrschaftsansprüche zu sichern.

Und weil der neue Mensch nicht *glaubt*, sondern im leeren Raum zur Einheit geworden ist, wodurch er *weiß*, braucht er auch nicht wie der niederträchtige Mensch lautstark „Es gibt nur einen Gott!", „Gott ist groß!" oder Ähnliches zu brüllen. Ein Brüllen, das wohl tiefster Unsicherheit sowie äußerer und innerer Not des niederträchtigen Menschen entstammt.

Der neue Mensch steht dem Leben nicht, wie es viele Religionen mit ihren Geboten und Verboten tun, feindselig gegenüber, sondern er steht als zentriertes Bewusstsein im leeren Raum über dem Leben, das sich auf der Ebene der polarisierten Gegensätzen abspielt. Er ist zwar in der Welt aber nicht von der Welt.

Er weiß um seine eigenen Konditionierungen, und dass das noch unreife Bewusstsein eines jeden Menschen einem Konditionierungsprozess unterworfen wird, sobald er bei seiner Geburt die Welt der polarisierten Gegensätze betritt.

Er weiß auch, dass diese Konditionierungen ihn seiner Freiheit berauben und dass sie nicht mit einem einzigen Schlag überwunden werden können, sondern oft einen lebenslangen Dekonditionierungsprozess nach sich ziehen können, wenn ein Mensch die vollständige Freiheit im leeren Raum erlangen will. Denn selbst wenn sich das Bewusstsein im leeren Raum zentriert hat, werden seine Konditionierungen und Prägungen in seinem psychophysischen Organismus noch weiter funktionieren. Der Unterschied zum niederträchtigen Menschen wird aber im Aufwärtsstrom des konditionierten Bewusstseins hin zum leeren Raum liegen. Es wird sich nicht mehr wie beim niederträchtigen Menschen in der Welt der polarisierten Gegensätze verbrauchen und sozusagen „im Sande versiegen". Der neue Mensch wird daher immer ein Auge auf seine eigenen Konditionierungen und auch auf die anderer haben, um sie als solche entlarven zu können. Denn nur entlarvte Konditionierungen können dekonditioniert werden. Weil er weiß, dass Konditionierungen nicht mit Gewalt, sondern nur durch einen *freiwilligen* Dekonditionierungsprozess dekonditioniert werden können, wird er sich selbst und seinen Mitmenschen gegenüber nachsichtig und mitfühlend sein.

Natürlich werden sich die Niederträchtigen an dieser Stelle empören, wenn ihnen in Zusammenhang mit dem Wort „Dekonditionierung" das Wort „Gehirnwäsche" zu Kopfe steigt und dort bestimmte Assoziationen wie „Drittes Reich", „Umerziehungslager" oder „Scientology" usw. auslöst, oder es sie an gewalttätige, religiös-politisch motivierte Folterungen zur Konditionierung andersdenkender Menschen erinnert. Doch dabei bemerken sie nicht, dass sie selbst von ihrem sozialen Umfeld sowohl ideologisch, religiös als auch politisch konditioniert und verknechtet sind und dass sie das Fremde, was ihnen unbemerkt aufgezwungen wurde, für das Eigene halten. Bei einem wirklich wahren Dekonditionierungsprozess geht es aber darum, nur die Konditionierungen zu löschen oder zu überwinden und an deren Stelle keine anderen zu schaffen. Freiheit wird in diesem Zusammenhang das höchste Gut bleiben.

Der neue Mensch ist realitätskonform. Er weiß um seine Sterblichkeit in der Welt der polarisierten

Gegensätze. Er weiß, dass es hier nichts Bleibendes gibt, dass hier alle Dinge einschließlich er selbst nichts Anderes als vorüberhuschende Schatten sind. Während sich der niederträchtige Mensch an diese vorüberhuschenden Schatten klammert und dadurch sterblich wird, wendet sich der neue Mensch dem leeren Raum zu. Indem er selbst zu diesem leeren Raum wird, erreicht er das Unsterbliche, das der niederträchtige Mensch, weil er es nicht besitzt, verzweifelt sucht. In der Welt der polarisierten Gegensätze sucht er mit seinen Wissenschaften vergebens nach der Unsterblichkeit des Menschen und erreicht allerhöchstens eine kurzfristige Verlängerung seines Lebens. Unsterblichkeit liegt eben nicht in der Natur dieser Welt, sondern im leeren Raum oder wahren Himmel.

Weil der neue Mensch seine Wohnstatt im leeren Raum hat, befindet er sich jenseits der Gegensätze, jenseits von Leben und Tod, jenseits von Gut und Böse. Deshalb ist er frei und zeitlos geworden. Hier gibt es keinen Kampf der polarisierten Gegensätze, und daher auch kein Leben im herkömmlichen Sinn mehr, welches sich auf einer niedrigeren Ebene im Spannungsfeld zwischen den polarisierten Gegensätzen abspielt. Jenseits der Gegensätze gibt es zwar kein Leben im herkömmlichen Sinn mehr, aber dafür gibt es Sein. Solange der Mensch nur in polarisierten Gegensätzen lebt und sein Bewusstsein noch nicht im leeren Raum zentriert ist, bleibt er lediglich ein vorüberhuschender Schatten, der aufgrund seiner oft raschen Fluktuation zwischen den Gegensätzen kein wirkliches Sein besitzt. Der neue Mensch ist eins geworden und hat sein wahres Sein erlangt. Weil er jenseits von Gut und Böse steht, kann er ohne Für und Wider einen ungetrübten Blick auf die Dinge des Lebens werfen und hat somit objektives Bewusstsein erlangt. Er ist im leeren Raum zu einer Sonne geworden, die alles bescheint, gleichgültig ob „schön", „hässlich", „gut" oder „böse". Für das reine, von allen Konditionierungen, Ideologien und Identifikationen befreite Bewusstsein hat alles innerhalb des allkosmischen Gesamtgefüges seinen eigenen Stellenwert, alles ist Teil des großen Ganzen.

Weil der neue Mensch jenseits von Leben und Tod steht, fürchtet er weder das Leben noch den Tod. Er steht außerhalb und darüber. Sein psychophysischer Organismus weilt noch in der Welt der polarisierten Gegensätze, und wenn seine Zeit gekommen ist, wird er versiegen. Dann werden auch die letzten Reste des noch im psychophysischen Organismus gebundenen, verknechteten Bewusstseins zurück zu ihrem Ursprung, ins formlose Bewusstsein fließen.

Während sein psychophysischer Organismus noch in der Welt der polarisierten Gegensätze weilt und sein

Bewusstsein seinen Hauptsitz im leeren Raum hat, werden seine psychischen und physischen Probleme unterhalb von ihm, oder an seiner äußersten Oberfläche, als unbeständige Schatten vorüberziehen.

Er ist zweimal geboren. Die Geburt seines psychophysischen Organismus in die Welt der getrennten Gegensätze war seine erste Geburt, und die Zentrierung seines Bewusstseins im leeren Raum war seine zweite. Sein psychophysischer Organismus war der Mutterleib, in welchem durch die absichtliche Überbrückung des kritischen Übergangs zwischen geformtem und formlosem Bewusstsein ein Transformationsprozess in Gang gesetzt wurde, der sein wahres Wesen in den todlosen Gefilden des leeren Raumes entstehen ließ. Die noch vorhandene Verbindung zu seinem psychophysischen Organismus entspricht einer Art Nabelschnur, über die sein im leeren Raum zentriertes Bewusstsein oder Selbst von den durch die absichtlich doppelt ausgerichtete Aufmerksamkeit höher transformierten Stoffen genährt wird. Bei seinem physischen Tod wird diese Nabelschnur endgültig durchtrennt. Ob und wie lange sein im leeren Raum zentriertes Selbst nach seinem physischen Tod bestehen bleibt, sei dahingestellt. Und ob wir, was die Gefilde des leeren Raumes betrifft, überhaupt von einem Vorher oder einem Nachher sprechen können, sei ebenfalls dahingestellt, da diese Gefilde jenseits der Zeit liegen. In jedem Fall wird sich sein im leeren Raum zentriertes Selbst früher oder später auflösen und selbst zum leeren Raum werden, was so viel wie seine endgültige Erlösung bedeutet.

Der Transformationsprozess zum wahren Menschen verläuft über drei Stufen:

1. Von seinem psychophysischen Organismus oder Transformationsautomaten zu seinen diversen „Ichs" in seiner aus polarisierten Gegensätzen bestehenden Psyche.
2. Von den diversen „Ichs" seiner Psyche zu seinem geeinten Selbst im leeren Raum.
3. Von seinem geeinten Selbst zu dessen Auflösung im leeren Raum oder zu seiner Erlösung.

… Kein Organismus. Keine „Ichs". Kein Selbst …

… Endgültige Freiheit …

… LEERE …

„Kein Selbst" und „LEERE" können hier so verstanden werden, dass es trotzdem noch ein SEIN gibt, das aber selbstlos, durch sich selbst seiend und jenseits von allem Seienden liegt.

Manche mögen sich hier vielleicht fragen, warum denn dann den psychophysischen Organismus nicht einfach durch einen Selbstmord ausschalten und alles wäre gelöst, ohne den meist leidvollen Prozess der Konditionierung, der Bildung von sich widerstreitenden „Ichs", der Dekonditionierung, der Sammlung des Bewusstseins, der Bildung eines Selbst im leeren Raum und dessen Wiederauflösung durchlaufen zu müssen? Die Antwort auf diese Frage ist einfach und liegt auf der Hand: Weil dann die Transformation des tief in der Materie gebundenen, geformten und aufgespaltenen Bewusstseins zu seinem ursprünglich formlosen und geeinten Zustand nicht vollendet werden könnte und der Transformationsprozess oder der Kreislauf des Bewusstseins auf der Stufe der Tierwelt oder allerhöchstens auf der Stufe des natürlichen Menschen stehenbleiben würde.

Hier wird auch klar, dass sowohl der niederträchtige Mensch als auch der wahre Mensch Bedienstete der Natur und des zurück zu seinem Urgrund drängenden Bewusstseins sind. Der einzige Unterschied zwischen den beiden ist der, dass der niederträchtige Mensch mehr oder weniger ein Tier und daher unerlöst bleibt, während der wahre Mensch sein wahres Menschsein und mit seiner Auflösung im leeren Raum auch seine Erlösung erlangt.

Anhang

Als Anhang soll diesem Buch noch ein Kapitel[2] über vorbereitende Methoden zur Sammlung des Bewusstseins im leeren Raum angefügt werden, damit der Leser etwas zur Hand hat, das er praktisch anwenden und das ihm helfen kann, für sich selbst ein Gravitationsfeld im leeren Raum zu schaffen, in welchem sich das Bewusstsein zentralisieren kann.

Es wird nämlich nicht genügen, wenn wir uns nur theoretisch mit endgültigen Fragen beschäftigen. Wir müssen das in diesem Buch Gesagte nicht nur studieren, sondern wir müssen auch Hand anlegen und ein wenig an uns selbst experimentieren, um praktische Erfahrungen zu sammeln und als Bedienstete der Natur den größtmöglichen Nutzen für uns selbst und für unsere Mitmenschen daraus ziehen können.

Wir müssen uns auf unser ursprüngliches, formloses Bewusstsein, auf unser wahres Wesen sowie auf die wesentlichen Dinge des Lebens und des Daseins *besinnen*. Das heißt, wir müssen für diese Dinge einen Sinn entwickeln, damit wir sie überhaupt erst wahrnehmen können.

---

[2] Dieses Kapitel wurde aus „Erwachen zum wirklichen Sein – Die Kosmopsychologie des Bewusstseins", einem anderen Buch des Verfassers übernommen und neu überarbeitet.

Die im Folgenden beschriebenen Methoden sollen uns sozusagen zur *Besinnung* bringen und einige Grundlagen für unseren spirituellen Weg schaffen.

Wir bezeichnen diese Methoden als *vorbereitende* Methoden, weil sie, wie wir in den vorhergehenden Kapiteln gesehen haben, dem Bewusstsein nur über den kritischen Übergang zwischen Form und Formlosigkeit hinweghelfen können und alles Weitere vom befreiten Bewusstsein selbst ausgeht.

Vorbereitende Methoden zur Sammlung des Bewusstseins im leeren Raum

In diesem Kapitel werden wir von einigen Methoden und deren Wirkmechanismen sprechen, die, wenn wir sie praktizieren, die Bildung eines Schwer- und Sammelpunktes im leeren Raum fördern und uns auf die innere Einheit unseres Seins vorbereiten.

Wir werden sowohl Übungen beschreiben, die nur in stiller Zurückgezogenheit praktiziert werden sollten, als auch solche, die wir in unserem alltäglichen Leben praktizieren können.

Weil solche Praktiken schon seit „Urzeiten" existieren und in den unterschiedlichsten spirituellen Lehren, wenn auch in leicht abgewandelter Form zu finden sind, kann ihre Herkunft oft auch keiner ausschließlichen Quelle zugeordnet werden, weshalb im Folgenden auch auf explizite Quellenzuordnungen verzichtet wird.

Wir werden in diesem Kapitel weitgehend auf die Darstellung körperlicher Übungen verzichten, was aber nicht bedeuten soll, dass wir vollständig darauf verzichten können. Vielmehr sollten wir, um den größtmöglichen Nutzen aus den folgenden Übungen zu ziehen, auch körperliche Übungen in unser tägliches

Programm mit aufnehmen. Das können zum Beispiel Dehn- und Streckübungen jeder Art, Yoga, Tai-Chi, Chi-Gong, Lu Jong oder Ähnliches sein.

Das alles mag jeder für sich selbst entscheiden. In jedem Fall sollte es den Körper geschmeidig und für energetische Ströme durchlässig machen sowie eine natürliche Atmung fördern. Es müssen auch nicht stundenlang andauernde Übungen sein. Zehn bis zwanzig Minuten am Morgen oder bevor wir uns zur Meditation hinsetzen, können schon ausreichend sein.

Wer sich jedoch für einen kompletten und systematischen Weg zur Kultivierung von Körper und Geist interessiert, der sei hier auf Falun Dafa, einem von Meister Li Hongzhi gelehrten, großen Weg zur Vollendung, hingewiesen, zu dessen Verständnis das vorliegende Buch einen bescheidenen Beitrag leisten mag. Literatur und Übungsvideos zu diesem auf Wahrheit, Barmherzigkeit und Nachsicht basierenden Weg findet der Leser im Internet unter https://de.falundafa.org/, als auch im Buchhandel.

Trotz aller öffentlicher Kritik durch den ideologisch versklavten, niederträchtigen Menschen, der grausamen, gewalttätigen und bösartigen Verfolgung von Falun Dafa Anhängern durch die niederträchtige KPCH, ist es dennoch ein aufrichtiger und guter Weg, auch wenn wir das, was Meister Li Hongzhi sagt, teilweise

erst nach und nach verstehen können, sobald wir uns
ganz auf diesen Weg einlassen.

Entspannte Körperhaltung

Unser Körper sollte stets, ob in Ruhe oder in Bewegung, eine möglichst entspannte Haltung einnehmen. Dies erreichen wir am einfachsten, wenn wir beim Gehen, Stehen, Sitzen oder Liegen das Gewicht unseres Körpers verspüren, und, wenn wir einen Gegenstand heben oder tragen, zusätzlich auch noch das Gewicht dieses Gegenstandes bewusst wahrnehmen.

Hierdurch werden sich nämlich alle Muskeln, die wir gerade nicht benötigen, entspannen, und alle, die wir gerade benötigen, werden sich nur so viel als nötig anspannen. Dadurch können wir eine Menge Energie einsparen, die wir ansonsten sinnlos in unnötigen Muskelanspannungen und Verspannungen vergeuden würden. Zudem ist es eine gute Übung, die Ausrichtung unserer Aufmerksamkeit zu trainieren.

Natürlich können wir diese Übung wie immer nur dann praktizieren, wenn wir uns auch daran erinnern.

Meditation

Im Allgemeinen wird „Meditation" als eine Art des konzentrierten „Nachdenkens" oder „Nachsinnens" verstanden. Hier in unserem Zusammenhang meinen wir aber nichts dergleichen, sondern eher das Gegenteil. Wenn wir Meditation als „Bewegung zur Mitte" oder als ein „Zur Mitte kommen" verstehen, dann sind wir der Sache schon etwas näher. Und wenn wir „Mitte" als etwas begreifen, das genau zwischen den polarisierten Gegensätzen liegt, dann bedeutet Meditation, unsere Aufmerksamkeit genau zwischen innen und außen, zwischen oben und unten, zwischen aktiv und passiv, zwischen Ja und Nein, zwischen männlich und weiblich, zwischen Fülle und Leere, zwischen Himmel und Erde, usw. zu *platzieren*. Dadurch wird alles ins Gleichgewicht kommen. Alles wird das gleiche Gewicht haben. Und wenn alles das gleiche Gewicht hat, wird alles stillstehen. Die Gedanken, die Emotionen und wir selbst werden stillstehen – sich selbsterfüllende, Glückselige Stille – Meditation.

Wir können einen solchen Zustand nicht absichtlich erzeugen, weil zum einen, jede Absicht irgendeinem polarisierten Gegensatz zugehört und deshalb außerhalb dieses Zustandes liegt, und zum anderen, weil wir in diesem Zustand als das, was wir gewöhnlich sind, nämlich als „Identitäten" nicht mehr vorhanden sein werden. Deshalb können wir nur die Bedingungen für diesen Zustand der STILLE schaffen, damit er am Anfang vielleicht nur für einen kurzen Augenblick, und eines Tages, ohne unser Zutun, ganz spontan, für längere Zeit eintreten kann. Damit dieser Zustand dann dauerhafter werden kann, müssen wir immer und immer wieder, ob mit oder ohne Erfolg, versuchen die Bedingungen dafür zu schaffen. Wir müssen sozusagen „Bahnen graben", um ein häufigeres und länger dauerndes Auftreten dieses Zustandes, durch den sich das Bewusstsein im leeren Raum zu sammeln beginnt, zu ermöglichen.

Wir sollten uns täglich eine bestimmte Zeit, in der wir ungestört sein können, dafür reservieren. Am Anfang vielleicht nur eine halbe Stunde und später ca. ein bis zwei Stunden. Jedenfalls sollten wir nach und nach in der Lage sein für ca. eine Stunde mit geradem Rücken zu sitzen, ohne dabei einzuschlafen. Wer mit gekreuzten Beinen nicht gerade sitzen kann, dem sei ein Zen Schemel empfohlen, der auch für uns Abendländer ein längeres, anstrengungsloses Sitzen mit geradem Rücken möglich macht. Am idealsten wäre jedoch der doppelte Lotussitz, der mit ein wenig Mühe auch von uns Abendländern erlernt werden kann.

Was nun die im Sitzen auszuführende Methode zur Schaffung der Bedingungen für das Eintreten der STILLE betrifft, so scheint die von Meister Lü Dsu[3] beschriebene Methode wohl eine der effizientesten zu sein.

Wir müssen dafür weder unseren Beruf oder unser gewohntes Leben aufgeben, noch müssen wir uns in die vollständige Einsamkeit zurückziehen oder irgendeinem Mönchtum beitreten.

Sobald wir uns mit geradem Rücken niedergesetzt haben, ruhen unsere Hände ineinandergelegt und mit den sich berührenden Daumen ein Oval bildend auf unseren Beinen, während wir das Eigengewicht unseres Körpers verspüren.

Wir senken die Augenlider zur Hälfte oder etwas mehr, sodass gerade noch ein wenig Licht einfällt und wir die Konturen der Dinge in unserer Umgebung nur noch diffus erkennen können.

Nun richten wir einen Teil unserer freien Aufmerksamkeit auf das diffus einfallende Licht und auf das Ein- und Ausströmen des Atems, ohne diesen zu verändern, sowie auf die einfallenden Geräusche oder auch auf die einfallende Stille, wenn keine Geräusche da sind, und auf den Gedankenstrom in unserem Kopf,

---

[3] Siehe auch Richard Wilhelm: Das Geheimnis der goldenen Blüte

der durch die volle Inanspruchnahme unserer Aufmerksamkeit auch manchmal versiegen kann.

Dabei genügt es schon, wenn wir diese Dinge nur diffus

wahrnehmen. Es kann auch hilfreich sein die Atemzüge zu zählen; aber ohne sich besonders darauf zu konzentrieren, sodass das Zählen ganz am Rande in die diffuse Wahrnehmung von einfallendem Licht, Atembewegungen und Geräuschen mit einfließt.

Und dann richten wir gleichzeitig noch den Rest Teil unserer Aufmerksamkeit auf den leeren Raum, oder wie Meister Lü Dsu empfiehlt, auf die Leere zwischen unseren beiden Augen.

Dabei wird es immer wieder vorkommen, dass wir uns im Strom der Gedanken verlieren, dass sich unsere Aufmerksamkeit an eine Erinnerung, eine Erwartung, einen Gedanken, an ein einzelnes Geräusch, an eine einzelne Körperempfindung oder irgendeine andere Sinnesempfindung heftet und wir uns in den dadurch ausgelösten, gedanklichen Assoziationsketten verlieren.

Sobald wir das bemerken, kehren wir zu unserer Aufmerksamkeit zurück und richten sie wieder gleichzeitig auf die oben genannten Gegebenheiten.

Das alles mag uns schwieriger erscheinen, als es in Wirklichkeit ist. Wenn wir diese Methode regelmäßig und beharrlich praktizieren, wird sich mit der Zeit die Quantität unserer freien Aufmerksamkeit erhöhen, ihre Qualität wird sich verbessern und wir werden bald den Kniff heraushaben, unsere Aufmerksamkeit gleichzeitig und anstrengungslos auf so viele Dinge zu richten.

Die einzige Anstrengung wird es dann noch sein, uns immer wieder zurückzuholen, wenn wir uns in einer Assoziationskette, in Fantasien oder Vorstellungen verloren haben.

Wir sollten auch darauf achten, die Übung nicht zu starr oder zu krampfhaft auszuführen. Die Anweisungen sollten lediglich als richtungsweisende Empfehlungen verstanden werden. Wenn wir zum Beispiel zu sehr in den Gedanken abdriften und kurz vor dem Einschlafen sind, können wir uns ruhig mal strecken oder einige Schritte umhergehen, um uns dann wieder der gleichzeitigen Ausrichtung unserer Aufmerksamkeit zu widmen. Ebenso können wir, sollten unsere halb geschlossenen Augen anfangen zu brennen, diese auch schließen und unsere geteilte Aufmerksamkeit auf das durch die geschlossenen Lider noch einfallende Licht oder auch auf die Dunkelheit richten, usw. Es wird immer auf eine gewisse Leichtigkeit und Lockerheit ankommen.

Weil diese Übung eine der Hauptmethoden zur Bildung und Ernährung eines Sammelpunktes im leeren Raum darstellt, sollten wir uns täglich auch die notwendige Zeit dafür nehmen, um sie zu praktizieren. Und zwar so, wie wir uns täglich die notwendige Zeit nehmen, um unserem physischen Körper Nahrung und Flüssigkeit zuzuführen.

Wenn nämlich unser innerstes Sein nicht verkümmern soll, dann müssen wir es nähren und pflegen, wie wir unseren physischen Organismus nähren und pflegen. Praktizieren wir diese Methode regelmäßig, wird sich, während wir unser gewohntes Leben weiterleben, im Hintergrund ein Gravitationsfeld im leeren Raum bilden. Auch wenn wir dieses vorerst nicht bemerken, sollte es uns nicht davon abbringen, unsere täglichen Meditationsübungen fortzuführen.

Es kann nämlich, je nach unserer Konstitution und der Intensität unseres Übens, Monate bis Jahre dauern, bis dieses Gravitationsfeld so stark geworden ist, dass es selbstständig zu agieren beginnt, dass es zu einer autonomen Einheit wird und wir bemerken, dass da etwas in uns wohnt, was unverrückbar jenseits der polarisierten Gegensätze liegt und unserer wahren Heimat, den glückseligen Gefilden unseres Urgrundes angehört.

Sobald dieses Gravitationsfeld aktiv geworden ist, wird es immer wieder unsere Aufmerksamkeit auf sich ziehen. Und wenn wir uns in körperlichen oder emotionalen und gedanklichen Aktivitäten unserer Psyche verloren haben, wird es uns daran erinnern, dass wir uns „zu weit aus dem Fenster gelehnt" und unsere Mitte verloren haben. Dann werden wir uns wieder dahin zurücksehnen und uns erneut auf den Weg machen, zum Zentrum unseres Seins.

Um zur Mitte zwischen den polarisierten Gegensätzen, dem Zentrum unseres Seins, oder während unserer Meditationsübung zur Stille zurückzukehren, nutzen wir die Kontemplation.

Kontemplation

Kontemplation bedeutet in Zusammenhang mit der Bildung eines Schwer- und Sammelpunktes des Bewusstseins im leeren Raum, die unmittelbare, umfassende Reflexion oder Widerspiegelung eines gegebenen Augenblicks.

Es ist die direkte und unmittelbare Betrachtung dessen, was gerade in und um uns vor sich geht, aber *ohne* das Betrachtete zu *beurteilen*, zu *verurteilen* oder zu *analysieren*. Es ist reines Widerspiegeln, wie ein Spiegel eben, der auch nicht über das, was vor ihn tritt nachdenkt, urteilt oder es analysiert.

Das reine Widerspiegeln kann nur in Verbindung mit einem leeren Bewusstsein geschehen. Und diese Verbindung schaffen wir nach und nach mit der oben beschriebenen Meditationsübung, indem wir unsere Aufmerksamkeit immer wieder auf den leeren Raum zwischen den Dingen richten, sobald wir bemerken, dass wir sie verloren haben.

Meditation und Kontemplation sind zwei Seiten ein und derselben Sache. Sie gehören zusammen wie Ein- und Ausatmen. Das eine ist ohne das andere nicht möglich. Wenn wir unsere Aufmerksamkeit gleichzeitig auf unsere physischen und psychischen Aktivitäten sowie auf den leeren Raum ausrichten, dann ist es

Kontemplation. Wenn wir dadurch zur Stille jenseits der polarisierten Gegensätze gelangt sind, dann ist es Meditation. Das bedeutet: Meditation ist passives Verweilen in der Stille jenseits der Gegensätze. Kontemplation ist aktive Rückführung zur Stille, wenn wir sie verloren haben.

Bildlich gesprochen gleicht wirkliche Kontemplation einem gut ausgebildeten Schäferhund, der den irregeleiteten Schafen – das heißt den Gedanken und den Emotionen – die Richtung weist und sie zurück ins Gatter treibt.

Wir nutzen die Kontemplation sowohl während unserer Meditationsübung als auch während unseres alltäglichen Lebens, wann immer wir uns daran *erinnern*. Es ist ein unmittelbarer Willensakt, ein plötzliches Innehalten, ein plötzliches Stoppen, ein plötzliches Erwachen und Schauen.

Mit einem Schlag nehmen wir unsere physische und psychische Situation in der momentanen Umgebung wahr: In was sind wir gerade verwickelt? In Gedanken? In Emotionen? In Freude? In Stolz? In Eitelkeit? In Ehrgeiz? In Überschwänglichkeit? In Sorgen? In Ängsten? In Überheblichkeit? In Gier? In Eifersucht? In Neid? In Argwohn? In Selbstbewunderung? In Selbstmitleid? In Rechtfertigungen? In vergangenen oder möglichen künftigen Ereignissen? In Träumen oder Fantasien? Und so weiter.

Wir stellen das einfach fest, ohne weiter darüber nachzudenken, zu analysieren, zu be- oder zu verurteilen oder zu rechtfertigen. Das Einzige was wir tun, ist das Betrachtete in Beziehung zum leeren Raum zu setzen. Das heißt, wir lassen das Ganze von Leere durchdrungen und umhüllt sein. Das ist wirkliche Kontemplation. Um dies zu meistern, müssen wir uns regelmäßig in der Kunst der Kontemplation und des Stille-haltens üben. Wir müssen lernen die *Stille zu halten*, wenn wir uns im leeren Raum oder in Meditation befinden, und wir müssen lernen, zu betrachten und *zu kontemplieren*, wenn wir die Stille oder die Leere verloren haben. Stille zu halten bedeutet in diesem Zusammenhang, uns *nicht* mit aufkommenden Gedanken zu verbünden, damit wir uns nicht im nachfolgenden Gedankenstrom verlieren.

Wenn wir uns nämlich im leeren Raum befinden, sind wir von unseren Gedanken unterschieden. Das heißt wir sind *nicht* unsere Gedanken, aber wir können uns mit ihnen verbünden, oder wir können ihnen das Bündnis verweigern.

Verweigern wir ihnen das Bündnis, gleichgültig wie schmeichelhaft bestimmte Gedanken auch sein mögen, dann halten wir Stille.

Verbünden wir uns mit ihnen, dann verlieren wir uns auch in ihnen. Haben wir uns in ihnen verloren, dann müssen wir kontemplieren.

Sicherlich wird uns das nicht immer gelingen. Denn oft verlieren wir uns so tief in Gedankenströmen, in Selbstgesprächen, in Emotionen und Handlungen, dass wir außerhalb der Reichweite unseres inneren Gravitationsfeldes geraten und den Verlust unserer Mitte, unserer Stille und unserer Glückseligkeit gar nicht mehr bemerken. Und solange wir diesen Verlust nicht bemerken, können wir auch nicht kontemplieren. Vielleicht gelangen wir während unsrer nächsten regelmäßigen Meditationsübung wieder in die Reichweite des inneren Gravitationsfeldes, sodass wir uns *erinnern* und den Verlust bemerken, uns wieder nach unserer glückseligen Stille sehnen und auch wieder kontemplieren können.

Manchmal finden wir uns aber auch in einem Zustand, in welchem wir zwar bemerken, dass wir in Gedanken, in Selbstgesprächen und Emotionen verwickelt sind, können uns aber, trotz aller Anstrengungen zu kontemplieren, nicht davon befreien und keinen Kontakt zum leeren Raum herstellen. Das heißt wir verspüren zwar eine Sehnsucht nach der Stille im leeren Raum, können sie aber nicht erreichen, weil wir zu stark in unseren psychischen Aktivitäten verwickelt sind.

Daran sollten wir aber weder verzagen noch daran verzweifeln.

Denn das Bemerken dieser unerfüllten Sehnsucht nach der Stille im leeren Raum ist zwar unangenehmer als das komplette Verloren Sein in Gedanken und Emotionen – denn dann bemerken wir Garnichts – dafür ist es aber umso heilsamer. Dann können wir nämlich unsere wirkliche Situation erkennen und verspüren, dass wir Sklaven und Untertanen unserer Gedanken, Emotionen und Handlungen sind, dass wir keinen wirklichen Willen besitzen, wie wir ihn uns in unserer subjektiv befangenen Welt oft erträumen. Im Grunde sind wir dadurch der Wirklichkeit unseres Unerfüllt Seins nähergekommen und desillusioniert worden. Und wenn wir den daraus entstehenden inneren Schmerz betrachten und ertragen können, dann können wir nach und nach auch wieder kontemplieren. Wir müssen lediglich ein wenig Geduld haben. Dieser innere Schmerz wird nämlich die Sehnsucht nach der Stille im leeren Raum, nach unserem wahren Sein, nach unserem verlorenen Inneren Glück weiter anfachen und unseren Gedanken eine Richtung geben, sodass der Kontakt zum leeren Raum wiederhergestellt und damit auch die Kontemplation, die uns zu unserem wahren Sein zurückführt, wieder möglich wird.

Dann kontemplieren wir wieder, bis die ersehnte Stille eintritt; und wir verweilen im glückseligen Strom ...

Nachträglich sei hier noch auf eine Vorstellungsübung hingewiesen, die ebenfalls den Kontakt zum leeren Raum fördern kann.

Die Übung besteht darin, sich einen Gegenstand in der Ansicht von *allen* Seiten vorzustellen. Zum Beispiel können wir von den sechs Flächen eines Würfels gewöhnlich nur drei Flächen sehen, während die übrigen drei verdeckt bleiben. Bei dieser Übung schauen wir auf die drei sichtbaren Flächen und stellen uns den Würfel mit all seinen sechs Flächen vor. Wir können dies mit allen beliebigen Gegenständen unserer Umgebung tun. Am besten beginnt man mit einfachen Körpern wie Würfel, Quader oder Kugeln und geht dann zu komplexeren Körpern wie Häuser, Bäume, Tiere, Menschen usw. über. Man kann dies auch mit geschlossenen Augen tun, indem man sich einen beliebigen Körper vor seinem inneren Auge vorstellt. Später kann man dann noch versuchen, alle Oberflächen *aller* Körper in unserer Umgebung von allen Seiten zu visionieren, auch wenn diese dann nur ein diffuses Bild ergeben.

Denn um uns einen Körper mit all seinen Oberflächen vorstellen zu können, müssen wir in den leeren Raum, der ihn umgibt, eintreten.

Vor dem Spiegel

Bei dieser Übung sitzen oder stehen wir am besten regungslos zehn bis zwanzig Minuten vor einem Spiegel und schauen uns in die Augen. Nach einer Weile stellen wir uns vor, dass nicht wir unser Spiegelbild anschauen, sondern dass das Spiegelbild uns anschaut.

Wenn wir dann momentweise nicht mehr wissen, wer jetzt wen anschaut, können oft seltsam anmutende Empfindungen auftreten. Diese Empfindungen können zwischen angenehmer Gelöstheit, einem Gefühl der Haltlosigkeit, des Schwindels, „den Boden unter den Füßen zu verlieren", des Erschreckens, der Angst oder sogar der Todesangst usw. variieren.

Nicht selten können sich auch die Konturen unseres Gesichts so verändern und verzerren, dass wir meinen, ein Tier, ein unbekanntes Wesen oder irgendeine Fratze würde uns entgegenblicken. Vielleicht kommen wir uns aber auch einfach nur „komisch" und „albern" vor, weil wir vor einem Spiegel sitzen und uns betrachten.

Das alles sollte uns aber nicht davon abhalten, diese Übung regelmäßig oder zumindest gelegentlich zu praktizieren. Sie kann nämlich unser durch Identifikation in Selbstbildern verhaftetes und verhärtetes Bewusstsein auflockern oder verschiebbar machen und es für die Erfahrung unseres wahren Seins im leeren Raum vorbereiten und öffnen.

Wir können diese Übung nutzen, um uns an den Zustand des Nichtwissens, *wer, was* und *wo* wir sind, zu gewöhnen. Sobald solch ein Zustand des Nichtwissens eintritt, sollten wir versuchen, so lange wie möglich darin zu verweilen. Wenn wir ihn verlieren und wieder zu wissen glauben, *wer, was* und *wo* wir sind, beginnen wir wieder von vorne – wir schauen uns in die Augen und lassen das Spiegelbild auf uns zurückschauen ... usw.

Im Grunde ist es das Gleiche wie bei unserer Meditationsübung: – Kontemplation – Leere und Stille – Kontemplation ... usw.

Die während dieser Spiegelübung eventuell auftretenden, manchmal auch als bedrohlich empfundenen Angst- und Schreckmomente gründen auf der Tatsache, dass sich das Bewusstsein kurzfristig von seiner geglaubten „Identität" löst und sozusagen form- und haltlos wird, wodurch wir erschrecken und sofort wieder in unsere geglaubte „Identität" zurückschlüpfen.

Aber gerade in der Form- und Haltlosigkeit des Bewusstseins – was wir auch Leere oder Stille nennen – liegen unser wahres Sein, unsere Erfüllung und die ozeanischen Gefilde der Glückseligkeit, die wir erst

dann betreten können, wenn wir unsere „Identitäten",
das heißt, uns selbst überwunden haben.

So gesehen sind alle hier beschriebenen Übungen
auch Übungen zur Selbstüberwindung. – „Gesegnet
ist, wer überwindet".

Wie wir sehen können, ist hier nicht die Rede von der
allgemein verstandenen „Selbstüberwindung", die darin besteht, dass eine „Identität" innerhalb unserer
Psyche eine andere „Identität" überwindet, sondern
gemeint ist die Überwindung *aller* „Identitäten", sodass nur noch *reines* Bewusstsein übrigbleibt.

Hierzu noch eine kurze Zengeschichte:[4]
Die Nonne Chiyono studierte jahrelang, aber konnte keine Erleuchtung finden. Eines Abends trug sie einen alten Eimer voll mit Wasser. Während sie ging, beobachtete sie den Vollmond, der sich im Wasser des Eimers spiegelte. Plötzlich rissen die Bambusstreifen, die den Eimer zusammenhielten, und das Gefäß brach auseinander. Das Wasser schoss heraus, das Spiegelbild des Vollmonds verschwand – und Chiyono wurde erleuchtet.

Sie schrieb folgendes Gedicht:
Auf diese und auf jene Art wollte ich den Eimer zusammenhalten,
hoffend, der schwache Bambus werde nie reißen.
Plötzlich fiel der Boden heraus.
Kein Wasser mehr – kein Mond mehr im Wasser.
Leere in meiner Hand.

---

[4]Aus: Rajneesh: Kein Wasser, kein Mond.

Wer bin „Ich"?

Diese Frage können wir uns erst dann stellen, wenn wir bereits einige Meditationserfahrungen gesammelt haben. Denn gewöhnlich sind wir ja fest davon überzeugt, zu wissen *wer* oder *was* wir sind. Und solange wir das zu wissen glauben, werden wir uns diese Frage entweder erst gar nicht stellen, oder, wenn wir sie stellen, werden wir uns mit vorgefertigten, allgemeinen Antworten zufriedengeben: „Ich bin Herr oder Frau soundso", „ein Mann", „eine Frau", „ein Mensch", „mein Organismus mit meiner Psyche zusammengenommen", oder sonst Irgendetwas, mit dem wir gerade identifiziert sind.

Sicher nehmen wir im Laufe unseres Lebens verschiedene Rollen und „Identitäten" an. Aber sind diese wirklich unser wahres „Ich"? Oder sind es nur verschiedene, vorübergehende Hüllen und Masken, die wir uns in verschiedenen Situationen überstülpen, so wie wir uns beispielsweise zu verschiedenen Anlässen verschiedene Kleidungsstücke anziehen?

Wir können unsere Rollen und „Identitäten" nur so lange als „Ich" bezeichnen, solange wir damit identifiziert sind. Wir sagen ja auch nicht „Ich bin mein Pullover" oder „Ich bin meine Hose" usw.

Sobald wir uns mit irgendeiner Rolle, einem Gedanken, einer Emotion oder auch mit unserem Körper identifizieren, werden diese zu unserer „Identität", zu unserem „Ich". Löst sich die Identifikation auf, werden sie zu Objekten oder zum Nicht- „Ich".

Manchmal wachsen wir im Laufe unseres Lebens aus einer eingenommenen Rolle oder „Identität" heraus, wodurch sich auch die Identifikation damit oft unbemerkt auflöst. Wenn wir dann darauf zurückblicken erscheint uns unser Verhalten in dieser früheren Rolle oder „Identität" oft als fremd, seltsam oder merkwürdig, und wir wundern uns darüber, wie es denn möglich war, so zu sein, wie wir es waren.

Dabei vergessen wir aber oft, dass wir auch in diesem jetzigen Augenblick, in welchem wir uns über eine früher eingenommene Rolle oder „Identität" wundern, mit einer anderen Rolle oder „Identität" identifiziert sind, die uns zu einem späteren Zeitpunkt, wenn wir darüber hinaus gewachsen sind, ebenso fremd erscheinen wird.

Das bedeutet auch, dass all unsere sogenannten „Identitäten" zum Objekt, oder zum Nicht- „Ich" werden können. Aber was ist dann wirklich „Ich"?

Vor diesem Hintergrund kann „Ich" nur das sein, was in all unseren wechselnden Gedanken, Emotionen, Rollen und „Identitäten" immer gleichbleibt. Und das ist das, was die Dinge erlebt, erleidet und betrachtet – nämlich unser form- und inhaltloses, reflektierendes Bewusstsein.

Weil dieses erlebende und betrachtende Etwas in uns nur Objekte aber nicht sich selbst betrachten kann – so wie das Auge, das ein Objekt betrachtet, sich selbst dabei nicht sieht – können wir die Frage, *wer* oder *was* ist „Ich", immer nur durch Negationen oder Ausschlussfragen beantworten – nämlich *wer* oder *was* ist *Nicht- „Ich"*.

Diese „*Wer* bin ‚Ich'-'Übung" läuft also darauf hinaus, wann immer wir daran denken, einen Blick auf unsere momentane Situation und „Identität" zu werfen und alles was wir erleben, jeden auftauchenden Gedanken, jede auftauchende Emotion und jede eingenommene Rolle oder „Identität" als Nicht- „Ich" zu identifizieren. Das heißt, wann immer etwas in unser Bewusstsein tritt, betrachten wir es und sagen innerlich „Nicht-Ich" … „Nicht-Ich" … „Nicht-Ich" …

Mit etwas Glück können wir so auch während unseres Alltagslebens hin und wieder in einen Zustand der Leere oder unseres wahren Seins gelangen und unser Gravitationsfeld im Formlosen nähren.

Die Gegenwart des Todes

Sterben und Tod sind in jedem Augenblick unseres Daseins allgegenwärtig. Jeden Augenblick treten unzählige Dinge und Organismen ins Dasein. Jeden Augenblick finden auch unzählige Dinge und Organismen den Tod. Und eines Tages, das ist unumstößlich, sind auch wir an der Reihe! Dieses „Eines Tages" kann in jedem Augenblick sein. Aber gewöhnlich blenden wir diese Tatsache gekonnt aus unserem Bewusstsein aus, wodurch wir, ob gewollt oder ungewollt, auch die Hälfte unserer Realität ausblenden.

Wir gründen so unser gesamtes Leben, unser Denken und unser Fühlen auf Halbwahrheiten, was konsequenterweise in einem illusionären Dasein mündet, welches wir „Leben" oder auch „Realität" nennen.

Solange wir uns in solch einem selbst geschaffenen, illusionären, auf Halbwahrheiten gegründeten Dasein die Zeit vertreiben, solange wird auch unsere „Erfüllung" oder unser „Glück", eine Illusion, eine Täuschung, eine Fata Morgana am fernen Horizont bleiben und uns immer wieder aus den Händen gleiten, wenn wir glauben, es endlich gefunden zu haben.

Wenn unser Glück, unsere Erfüllung real werden soll, dann müssen wir lernen unser Dasein, unser Leben, unser Denken und unser Fühlen auf die ganze

Wahrheit zu gründen: Es ist *wahr,* dass wir da sind. Und es ist *wahr*, dass wir vergehen werden!

Uns die Unvermeidbarkeit unseres Todes immer wieder ins Gedächtnis zu rufen und uns klar zu machen, dass wir eine *vorübergehende* Erscheinung sind, kann uns der Wahrheit und der Realität unseres Daseins näherbringen. Aber das ist leichter gesagt als getan.

Weil wir nämlich meist in einer todesverneinenden Gesellschaft aufwachsen, wo das Sterben eines Menschen häufig in einer Klinik oder einem Pflegeheim stattfindet und kaum noch hautnah erfahren wird, sind Sterben und Tod auch gar keine wirklichen Realitäten mehr für uns, sondern lediglich etwas, das als vager, verschwommener Gedanke ab und zu, wenn überhaupt, den äußersten Rand unseres Verstandes streift. Sterben ist so immer nur den „Anderen" vorbehalten.

Wir können zwar denken und sagen „ich weiß, dass ich sterben werde", aber es wird uns nicht sonderlich berühren, weil es nur ein Gedanke ist, der nicht bis zu unserem Fühlen, bis zu unserem Sein vordringt und somit auch keine Konsequenzen für uns hat.

Wenn das „Bewusstsein" unseres bevorstehenden Todes keine Konsequenzen für uns nach sich zieht, dann können wir sicher sein, dass dieses „Bewusstsein" lediglich in unserer Vorstellung oder in unserer

Einbildung existiert. Denn wären wir uns der Tatsache unseres bevorstehenden Todes wirklich bewusst, dann hätte es auch Konsequenzen für unsere Sichtweise der Dinge, für unser Denken, für unser Fühlen, für unser Handeln, und nicht zuletzt auch für die Qualität unseres Daseins.

Dennoch sollten wir uns aber darüber im Klaren sein, dass auch falsche Konsequenzen entstehen können, wenn die Tatsache der Unvermeidbarkeit unseres Todes tiefer in unser Bewusstsein vordringt.

Eine Art „Torschlusspanik", die uns dazu treibt „schnell noch mitzunehmen, was das ‚Leben' zu bieten hat", wäre solch eine falsche Konsequenz, weil es uns noch tiefer in unsre illusorische Welt verstricken würde, als wir es vielleicht vorher schon waren, und wir dadurch auch wieder das Bewusstsein der Unvermeidbarkeit unseres Todes verlieren würden. Aber auch eine gegenteilige Reaktion – wenn wir zum Beispiel aufgrund des Bewusstseins unserer Sterblichkeit in Missmut, Depression, Resignation und Lethargie fallen würden – wäre eine falsche Konsequenz. Es würde nämlich bedeuten, dass wir nicht von unserer illusorischen Welt ablassen können und zu unserem eigenen Schutz vor der Wirklichkeit in einer Art Totstellreflex verharren würden, weil wir die Unvermeidbarkeit des Todes erahnen.

Das wirkliche und tiefe Bewusstwerden unserer Sterblichkeit wird uns zunächst erschrecken. Und es ist genau dieser Schreckmoment, der uns aus unserem hypnotischen Schlaf erwachen lassen und mit einem Schlag auf etwas Unsterbliches in uns zurückwerfen kann, nämlich auf unser formloses, inhaltloses Bewusstsein, in die Leere zwischen den Augenblicken oder den leeren Raum.

Wenn wir also durch das Bewusstwerden unserer Sterblichkeit mehr im Hier und Jetzt, mehr in der Tiefe jedes Augenblicks leben, wenn wir empfindsamer werden, wenn wir mehr Liebe und mehr Mitgefühl in unserem Herzen verspüren, wenn wir uns als formloses, unvergängliches Etwas zwischen der Erscheinungen Flucht erleben, dann sind das die richtigen Konsequenzen.

Damit die Tatsache unserer eigenen Sterblichkeit tief in unser Bewusstsein eindringen kann und nicht nur ein oberflächlicher Gedanke bleibt, müssen wir uns immer wieder und so oft wie möglich daran erinnern: Wann immer wir in den Spiegel schauen, können wir uns klarmachen, dass da eine vorübergehende Erscheinung vor uns steht.

Während unseres Alltagslebens können wir immer wieder mal innehalten und uns erinnern, dass alles was wir sehen, denken und fühlen, einschließlich wir selbst, vergehen werden, dass all das vorübergehende Erscheinungen sind.

Wenn wir schon einmal, oder auch mehrere Male, einen Menschen haben sterben sehen, dann können wir uns abends bevor wir einschlafen das erlebte ins Gedächtnis rufen und uns vorstellen, wie es wohl sein wird, wenn wir selbst auf unserem Sterbebett liegen, heftig atmen und es nun ganz gewiss ist, dass der Moment, in dem es kein Zurück mehr gibt, gekommen ist. Wir können uns auch, wann immer wir die Gelegenheit dazu haben, folgende Fragen stellen:

Wenn es jetzt in diesem Augenblick geschehen würde, dass wir sterben, wären wir dazu bereit? Müssten wir noch etwas erledigen? Hängen wir noch an vorübergehende Erscheinungen? Und wenn Ja: an welchen und warum ...?

In jedwedem emotionalen Zustand, ob negativ oder positiv, können wir uns fragen: Welche Bedeutung hat dieser Zustand im Angesicht des Todes?

Letztendlich sollten wir ein *dauerhaftes Bewusstsein* dessen anstreben, dass wir VORÜBERGEHENDE sind.

Selbstbeobachtung

Selbstbeobachtung, in Zusammenhang mit der Bildung eines Sammel- und Schwerpunktes im leeren Raum, bedeutet das Beobachtete vom Beobachtenden zu unterscheiden.

Das leere, inhaltlose Bewusstsein ist das Beobachtende.

Unsere „Identitäten", Rollen, Gedanken, Emotionen und Handlungen sind das Beobachtete.

Wenn aber unser ursprünglich leeres Bewusstsein mit irgendeiner unserer „Identitäten" oder eingenommenen Rolle identifiziert ist, dann erfolgt die „Selbstbeobachtung", wenn überhaupt, vom Standpunkt dieser „Identität" oder Rolle aus.

Weil aber solch eine Art der „Selbstbeobachtung" immer mit einer Beurteilung, Befürwortung, Ablehnung oder Rechtfertigung des Beobachteten verbunden ist, wird das Beobachtete verzerrt und verändert, sodass es gar keine wirkliche Selbstbeobachtung mehr ist, sondern eher zu einer Manipulation des Beobachteten wird, um unser fragwürdiges Selbstbild zu stärken, zu rechtfertigen und aufrechtzuerhalten.

Hierzu ein konkretes Beispiel:
Angenommen ein Mensch hat in seinem Berufsleben eine Führungs- oder Machtposition inne. In der

Öffentlichkeit ist er ein sogenannter „Saubermann", stellt eine starke, vielleicht charismatische Persönlichkeit dar und kann sich in dieser Rolle auch keinerlei offensichtlichen „Schwächen" leisten.

Wie jeder „Saubermann" – oder auch jede „Sauberfrau" – trägt natürlich auch er eine minderentwickelte Seite in sich, die sich in einigen „Lastern" und „Schwächen" äußert. Diese „Laster" und „Schwächen" unterwandern vielleicht im Verborgenen sein Berufsleben oder treten in seinem Familien- und Privatleben zum Vorschein: Vielleicht ist er in seinem Privatleben ein sogenannter „Pantoffelheld", emotional kindisch und unreif, extrem eifersüchtig, unterwürfig oder auch herrschsüchtig, vielleicht ist er ein heimlicher Alkoholiker, spielsüchtig, gewalttätig, betrügerisch, oder neigt zu sexuellen Abarten und anderen Dingen, die sich für einen reifen, erwachsenen Menschen nicht ziemen, usw., usw.....

Wenn er nun von seiner Berufs- „Identität" aus auf seine Privat- „Identität" blickt, wird er seine „Laster" entweder idealisieren, sie rechtfertigen, oder aber, sie bereuen und sich baldige „Besserung" versprechen, usw.

Blickt er von seiner Privat- „Identität" aus auf seine Berufs- „Identität", empfindet er vielleicht Stolz darüber, was für ein „toller Kerl" er ist, zu was er es alles gebracht hat, oder wie viel Achtung und Respekt ihm entgegengebracht werden usw. Aber das ist keine wirkliche Selbstbeobachtung. Wirkliche Selbstbeobachtung wird in spirituellen Lehren auch als „Zeuge sein" bezeichnet.

Als Osho einmal gefragt wurde, was der Unterschied zwischen Beobachten und „Zeuge sein" ist, antwortete er: „Wenn du Fernsehen schaust, ist das beobachten; wenn du dich selbst beim Fernsehen beobachtest, dann ist es Zeuge sein."

In unserem oben genannten Beispiel würde wirkliche Selbstbeobachtung oder „Zeuge sein", bedeuten: zu beobachten, wie die eine „Identität" die andere betrachtet und beurteilt. Das heißt, wir stehen außerhalb unserer „Identitäten" und betrachten diese ohne sie zu beurteilen.

Wir sollten in unserem alltäglichen Leben so oft wie möglich „Zeuge sein". Mit der Zeit können wir dann *beobachten,* wie wir manchmal in Assoziationsmustern von Gedanken und Gefühlen dahintreiben, und *verspüren,* wie wir davon eingenebelt in einer Art Schlafzustand unser Dasein verbringen. Wir werden nach und nach sehen können, wie sich unsere „Identitäten" und Rollen gegenseitig beurteilen, verurteilen oder rechtfertigen, wie sie denken und fühlen und wie sie Handlungen ausführen usw. Aber wir werden nicht mehr unsere Gedanken, unsere Emotionen, unsere „Identitäten" oder Rollen sein. Wir werden einen Standpunkt im leeren Raum erworben haben. Wir werden uns selbst als beobachtender, unparteilicher Faktor gegenüberstehen. Unser physischer Organismus, Gedanken, Emotionen, Rollen und „Identitäten" werden zu Objekten, und wir selbst werden zu dem, was wir wirklich sind – nämlich reines, ungetrübtes Schauen.

Schweigen

Wenn wir genauer hinsehen und betrachten, worüber und warum wir mit anderen Menschen reden, dann können wir sehen, dass das meiste davon unnötig ist und entweder aus sinnlosem Geplapper, aus Beurteilungen und Verurteilungen anderer, oder aus Selbstdarstellungen besteht. Wir heben uns hervor, indem wir über dieses oder jenes unsre Meinung kundtun oder auch ausschweifend erzählen, was wir alles erlebt haben, was wir noch vorhaben, wie „gut" oder wie „schlecht" es uns geht, wie „gut" oder „schlecht" die anderen sind usw.

Natürlich fragen wir auch mal nach, wie es unserem Gegenüber geht und was er oder sie so macht und noch vorhat usw. Aber, „Hand aufs Herz", tun wir das, weil es uns wirklich interessiert, oder aus Liebe zu ihm, oder tun wir es aus Selbstliebe, um mit ihm ins Gespräch zu kommen und endlich mit unserer eigenen Geschichte loslegen zu können.

Wenn wir uns fragen, warum wir so sehr bemüht sind, uns ständig mitzuteilen, dann gibt es darauf nur eine Antwort, die lautet: weil wir nicht wirklich sind! Wenn wir nämlich *wirklich* wären, wenn wir wirkliches *Sein* erlangt hätten, welchen Grund gäbe es denn dann, uns ständig mitteilen und unterhalten zu müssen?

243

Wir können den Begriff „Unterhaltung" auch so verstehen, dass wir mit unseren Unterhaltungen uns selbst etwas *unter-halten*, dass wir uns gegenseitig Unterhalt und Halt gewähren, um unser falsches Selbstbild aufrechtzuerhalten und zu nähren, um nicht in die gähnende Leere unseres Nichtseins zu fallen. Aber es sind gerade diese Leere und dieses Nichtsein, denen wir uns stellen müssen, denen wir uns ausliefern müssen, in die wir uns hineinwerfen müssen, um wirkliches Sein zu erlangen, um zu werden, was wir wirklich sind.

Wenn wir uns im Schweigen üben und wirklich nur das notwendigste sprechen, dann hat das den folgenden Effekt:

Zum einen wird der schon automatisierte Impuls, uns ständig mitteilen zu müssen, gestoppt und entautomatisiert, und zum anderen wird eine große Menge an Energie frei, die wir durch sinnloses Geplapper nach außen verschwenden würden.

Die dadurch frei gewordene und eingesparte Energie kann dann unserer inneren Arbeit zugutekommen. Wenn nämlich unser Schweigen bewusst und absichtlich geschieht, und wir gleichzeitig einen Teil unserer Aufmerksamkeit auf den leeren Raum richten, dann wird sich eben diese Energie dort im formlosen Bewusstsein sammeln, um einen Schwerpunkt zu bilden oder einen schon vorhandenen Schwerpunkt zu nähren.

Sobald wir eine gewisse Übung im äußeren Schweigen erlangt haben, können wir uns auch dem inneren Schweigen zuwenden und uns darin üben.

Das bedeutet dann, nicht nur auf sinnloses Geplapper mit anderen Menschen zu verzichten, sondern nach Möglichkeit und wann immer wir es können, auch mit unseren sinnlosen inneren Selbstgesprächen aufzuhören.

Unsere inneren Selbstgespräche stellen sozusagen das größte Leck dar, durch das wir Kraft und Energie, die zur Bildung eines inneren Schwerpunktes notwendig sind, verlieren.

Mit den inneren Selbstgesprächen aufzuhören gestaltet sich schwieriger als auf äußeres Reden zu verzichten, weil es hier unsere „Identitäten" und die im Laufe unseres Lebens erworbenen Assoziationsmuster sind, welche die Dinge mechanisch und ohne unser Zutun gedanklich einordnen, abwägen, erwägen, befürworten oder ablehnen.

Innere Selbstgespräche sind eine natürliche Funktion unseres Verstandes und sind, ob wir es bemerken oder nicht, immer im Gange. Deshalb können wir sie auch immer nur kurzfristig, solange wir unsere Aufmerksamkeit darauf fokussieren, stoppen. Sobald wir unsere Aufmerksamkeit wieder einer anderen Sache zuwenden, gehen die inneren Selbstgespräche und Assoziationen wie gewohnt weiter.

Aber, nichtsdestotrotz, selbst wenn wir es täglich mehrere Male für einige Augenblicke oder auch einige Minuten schaffen, den inneren Gedankenstrom zu stoppen, erhält unser sich bildender Schwerpunkt im leeren Raum einen großen Zustrom an Kraft und Energie.

Um mit den inneren Selbstgesprächen aufzuhören, müssen wir, wann immer wir uns während unseres alltäglichen Lebens an unser Vorhaben erinnern, unsere Aufmerksamkeit auf den ständigen Gedankenstrom in unserem Kopf richten. Allein wenn wir das tun, kommt es für einen Moment zu einem „Stopp" des Gedankenstroms. Dann müssen wir versuchen diesen „Stopp" so lange wie möglich aufrechtzuerhalten, indem wir unsere Aufmerksamkeit in diesem „Stopp", in dieser entstandenen Lücke zwischen den Gedanken halten. Dies mag uns anfänglich vielleicht nur für ein oder zwei Augenblicke gelingen, aber „Übung macht den Meister". Wenn wir unbeobachtet sind, können wir ruhig auch mal alles – das heißt unsere Gedanken, unsere Bewegungen und unseren Atem – ganz plötzlich zu einem „Stopp" kommen lassen.

Oder, wenn wir während unseres Alltags einige Minuten Zeit finden, können wir uns auch mal hinsetzen und versuchen den Strom der Gedanken für ein bis zwei Minuten oder auch länger zu stoppen.

Weil unser Gedankenstrom eng mit unserem Sprachzentrum, und dieses wiederum mit unserer Zunge verbunden ist, kann es für das Praktizieren des inneren Schweigens auch hilfreich sein, die Aufmerksamkeit auf das Innere der Zunge zu richten und diese vollkommen stillzuhalten, wobei die Zungenspitze leicht am Gaumen anliegen sollte. – Viel Glück dabei!

Der Einstrom von Sinnesreizen

Jeden Augenblick strömt eine überwältigende Anzahl von Sinnesreizen auf uns ein, von denen wir aber – je nachdem inwieweit wir uns gerade in einer Handlung oder unserem unaufhörlichen Gedankenstrom verloren haben – nur wenige oder auch gar keine bewusst erleben.

Um die hier beschriebene Übung des bewussten Einströmen Lassens von Sinnesreizen in ihrem Wirkmechanismus zu verstehen, müssen wir uns im Klaren darüber sein, dass alle Sinnesreize oder alle Eindrücke in sich aus mehreren Reizen und den dadurch ausgelösten gedanklichen und emotionalen Assoziationsmustern bestehen und einen Einstrom von Energie in unseren Organismus bedeuten.

Wenn wir einen Sinnesreiz oder einen Eindruck *bewusst* wahrnehmen ohne gleich mit einem Denkprozess, mit einer Emotion, oder mit einer Handlung darauf zu reagieren, dann strömt diese Energie direkt in unser Bewusstsein und kann den sich bildenden inneren Schwerpunkt im leeren Raum nähren.

Reagieren wir hingegen auf einen Sinnesreiz oder Eindruck mit einem Denkprozess, mit einer Emotion, oder mit einer Handlung, dann wird die einströmende Energie sofort von den Gedanken, den Emotionen oder den

Handlungen aufgesogen und strömt wieder nach außen, wodurch sie für uns auf nimmer Wiedersehen verlorengeht. Sie versickert sozusagen „Im Sande".

Wir können uns also diese durch Sinnesreize und Eindrücke einströmende Energie zu Nutze machen, indem wir uns darin üben, taktile, akustische und visuelle Sinnesreize in einem gegebenen Moment gleichzeitig einströmen zu lassen und wahrzunehmen, ohne darauf zu reagieren.

Dazu müssen wir immer wieder für einen oder mehrere Augenblicke unsere Aufmerksamkeit aktiv auf das richten, was in einem gegebenen Moment über all unsere Sinne auf uns einströmt, während der Rest von uns, das heißt unser Denken, Fühlen und Handeln vollkommen passiv bleiben.

So nähren und pflegen wir unseren inneren Sammelpunkt im leeren Raum – den „Embryo des Tao", wie die Taoisten diesen Sammelpunkt nennen.

Die „Zügel" spannen

Ebenso wie unsere inneren Selbstgespräche ein Leck für unsere Kraft und Energie darstellen, so stellen auch unsere Emotionen ein solches Leck dar, wenn sie sich nach außen richten und zum Ausdruck kommen.

Durch die inneren Selbstgespräche sickern ständig und unaufhörlich kleine Mengen an Kraft und Energie aus uns heraus.

Wenn eine Emotion zum Ausdruck kommt und sich nach außen ergießt, verlieren wir hingegen oft mit einem Schlag eine große Menge an Kraft und Energie, welche unserem inneren Sammelpunkt zugutekommen könnten.

Weil durch innere Selbstgespräche Kraft und Energie nur nach und nach heraussickern, geschieht das für uns meist unbemerkt. Bricht hingegen eine Emotion nach außen durch, dann werden besonders bei negativen Emotionen Kraft und Energie meist explosionsartig aus uns herausgeschleudert, sodass es manchmal Stunden bis Tage dauern kann, bis unser energetischer Zustand wieder ins Gleichgewicht gekommen ist. Wir sollten deshalb in der Lage sein, unsere nach Ausdruck strebenden Emotionen bis zu einem gewissen Maß zu zügeln.

Wir brauchen nicht auf alles, was eine Emotion in uns

hervorruft, zu reagieren, und wir müssen auch nicht jede in uns aufsteigende Emotion zum Ausdruck bringen. Weil aufsteigende Emotionen aber schneller als unser Verstand und unser Denken sind, bemerken wir sie oft erst dann, wenn sie schon an der Schwelle des Ausdrucks stehen, oder erst dann, wenn sie schon zum Ausdruck gekommen sind.

Wir müssen sie also noch an der Ausdrucksschwelle, oder besser noch vorher, beim Beginn ihres Aufkeimens erwischen, wenn wir ihren Ausdruck verhindern wollen. Und das können wir nur dann, wenn wir uns in einem Zustand der aufmerksamen Wachsamkeit befinden. Ein Zustand, der sich durch regelmäßige Kontemplations- und Meditationsübungen immer öfter bei uns einstellen wird.

Weil aufkeimende Emotionen große Mengen an Energie in sich bergen, können wir sie auch nicht direkt, sondern nur indirekt an ihrem Ausdruck hindern. Und zwar: indem wir Einfluss auf die Ausdruckskanäle der Emotionen nehmen – das heißt, auf unsere Gedanken und unseren Körper. Das bedeutet: Jede Emotion kann ihren Ausdruck nur über zwei Kanäle finden, nämlich über das Denken und über körperliche Aktivitäten, wie Sprechen, Schreien, Handeln und Agitiertheit. Und auf diese Kanäle können wir willentlich Einfluss nehmen.

Wir brauchen auch nicht alle Emotionen an ihrem Ausdruck zu hindern. Unser Ziel sollte es aber sein, bewusst entscheiden zu können, ob wir einer Emotion ihren Ausdruck erlauben oder nicht.

Besonderes Augenmerk sollten wir auf negative Emotionen wie Argwohn, Missgunst, Eifersucht, Rachsucht, Hass, Neid, Ehrgeiz, Gier, Rechthaberei, Ärger und Wut oder Ähnliches richten.

Dabei sollten wir aber auch in Betracht ziehen, dass viele unserer sogenannten „positiven" Emotionen wie „Freude", „Liebe" „Glück" usw. ebenso als negativ einzustufen sind, wenn sie aus der Befriedigung von negativen Emotionen hervorgehen – wie beispielsweise das empfundene „Glück", das auf der Befriedigung von Gier, Hass oder Rachsucht usw. beruht. Wir sollten deshalb auch auf solche Emotionen, die wir im Allgemeinen als „positiv" bewerten, unser besonderes Augenmerk richten.

Wenn wir nämlich genauer hinsehen, dann können wir erkennen, dass sich hinter unseren sogenannten „positiven" Emotionen meist eine negative emotionale Grundursache verbirgt, dass sich hinter unserem „Glück", unserer „Freude", unserer „Begeisterung", und auch hinter unserer sogenannten „Liebe" usw., negative Emotionen vor unseren Augen verbergen. Und wenn wir aufrichtig sind, dann werden wir zugeben müssen, dass von unseren wirklich positiven Emotionen nur sehr wenige oder auch gar keine übrigbleiben, dass unser „Glück" oft auf dem Unglück anderer beruht, und dass neben einem „Gewinner" immer auch ein „Verlierer" steht.

Echte positive Emotionen können im Grunde nur aus unbegründetem, bedingungslosem Überfluss an innerem Glück aus dem leeren Bewusstsein, aus unserem wahren Sein entstehen.

Wir müssen lernen uns von innen anzuschauen, um zu sehen, *was* da in uns aufkeimt und woher es kommt.

Sobald wir eine Emotion bei ihrem Aufkeimen bemerken, genügt es oft schon unsere Aufmerksamkeit auf unsere Gedanken zu richten, wodurch es zu einem kurzfristigen „Stopp" im Gedankenfluss kommt und wir entscheiden können, ob wir dem Gedankenfluss weiter folgen wollen oder nicht.

Folgen wir dem Gedankenfluss nicht, kann sich auch die Emotion nicht weiter ausbreiten und daher auch nicht zum Ausdruck kommen. Dabei wird die emotionale Energie frei, sodass eine innere Spannung entsteht. Damit die in dieser inneren Spannung verborgene Energie nun auch den richtigen Weg zu unserem Sammelpunkt findet, müssen wir unsere Aufmerksamkeit jetzt noch auf den leeren Raum richten. Tun wir das nicht, müssen wir nämlich damit rechnen, dass sich die frei gewordene emotionale Energie andere Kanäle sucht und sich in unliebsamen Symptomen wie Nervosität, Gereiztheit, Ungehaltenheit, sarkastischen Redensarten, muskulären Verspannungen bis hin zu Spannungskopfschmerzen, oder auch in neurotischen Verhaltensweisen äußert.

Bemerken wir eine Emotion aber erst dann, wenn sie die Schwelle ihres Ausdrucks bereits erreicht hat, ist der damit verbundene Denkprozess bereits abgeschlossen und wir können ihren Ausdruck nur noch dadurch verhindern, indem wir unsere Aufmerksamkeit auf unseren Körper richten, die Muskulatur entspannen, ruhig und gleichmäßig atmen, und unsere Zunge stillhalten. Die sich dadurch aufbauende innere Spannung und Energie kanalisieren wir dann wieder in Richtung leeren Raum, indem wir einen Teil unserer Aufmerksamkeit vom Körper abziehen und auf den leeren Raum richten. Beginnt die Emotion wieder von Neuem aufzukeimen. Dann beginnen wir wieder mit der Ausrichtung unserer Aufmerksamkeit auf unsere Gedanken usw.

Mit etwas Übung können wir, um den Ausdruck einer Emotion zu verhindern und die frei gewordene Energie in den leeren Raum zu lenken, unsere Aufmerksamkeit auch dreifach ausrichten, was natürlich noch effizienter als die beschriebene zweifache Ausrichtung ist.

Dabei richten wir unsere Aufmerksamkeit gleichzeitig auf unseren Körper, auf unsere Gedanken und auf den leeren Raum, sobald wir bemerken, dass eine Emotion nach Ausdruck drängt.

Der Kontakt zur Leere

Ausschließlich alle wirklichen und effizienten Methoden zur Erzeugung meditativer Zustände haben mit dem Kontakt zum leeren Raum zu tun.

Aber wir müssen verstehen, dass der leere Raum in diesem Zusammenhang nicht etwas Lebloses, Totes und wirklich Leeres bezeichnet. Er ist nur in Bezug auf verdichteter Materie oder geformtem Bewusstsein leer. Es ist der Raum zwischen den Dingen.

Wenn wir die Leere, von der wir hier sprechen, erst einmal erfahren haben und auch nur ein einziges Mal tief in die Leere unseres wahren Seins eingetaucht sind, dann werden wir wissen, dass sie mehr Substanz besitzt als alles andere, was wir kennen. Unsere gewohnte Alltags- „Realität" wird uns dann im Vergleich dazu eher unwirklich oder traumähnlich erscheinen. Leerer Raum ist nämlich das „Gefäß", welches die gesamte Existenz enthält. Leere ist das Formlose, das alle Form in sich enthält und durchdringt.

Weil aber unser Verstand nur Formen, Bilder und Begrifflichkeiten verstehen oder begreifen kann, erscheint ihm das Unbegreifliche, das Formlose und Unvorstellbare zu Recht als „bedrohliche" Leere oder als Abgrund, denn sie alle bedeuten den Tod für ihn. Ebenso wie das Formlose für unsere „Identitäten" oder für unser sogenanntes „Ich" den Tod bedeutet.

Schließlich bildet die Form ja die Grundlage für die Existenz unserer „Identitäten"; denn ohne Form gibt es keine „Identität" und auch kein „Ich".

Wenn wir den leeren Raum oder den Kontakt zur Leere nicht in unsere Methoden zur Sammlung des Bewusstseins mit einbeziehen, können wir uns nicht über die Welt der Formen, die Welt der „Identitäten", die Welt der „Ichs" und die Welt der Illusionen hinausbewegen und treten mehr oder weniger auf der Stelle, während wir vielleicht von einem Fortschritt in der Effizienz und Anwendung unserer Meditations- und Kontemplationsmethoden träumen.

Vielleicht versuchen wir aber auch durch „Meditation" und „Kontemplation" nur „gesünder", „erfolgreicher" und „leistungsfähiger" in unserem alltäglichen Leben zu werden. Aber solche Ambitionen sind in spiritueller Hinsicht falsche Intensionen und gehen am wahren Sinn und Zweck von Meditation und Kontemplation vorbei.

Wenn uns unsere Meditation nicht über die Welt der Formen, der „Identitäten", der „Ichs" und unseres Verstandes hinaus in die Leere führt, dann kann es alles andere sein, aber keine Meditation.

Unser Ziel sollte es daher sein, während unseres Alltagslebens stets einen Kontakt zum leeren Raum aufrechtzuerhalten; und wenn wir den Kontakt verlieren, ihn immer wieder herzustellen. Wir sollten dies so lange tun – auch wenn es ein Leben lang dauert – bis für uns die Leere immer und überall im Hintergrund unseres Lebens gegenwärtig ist und uns von sich aus an ihr Dasein erinnert.

Im Grunde ist der leere Raum ja auch immer da und wir, das heißt unser Körper, unsere Psyche und unser gesamtes Leben sind darin eingebettet und davon durchdrungen. Der leere Raum ist auch das, was alles mit allem verbindet; nur wir bemerken es nicht, und wenn wir es doch einmal bemerken vergessen wir es alsbald wieder.

Wir müssen uns also immer wieder und so oft wie möglich daran erinnern:

Wenn wir krank sind – Leere umgibt uns, Leere durchdringt uns; wenn wir Schmerzen haben – Leere umgibt uns, Leere durchdringt uns; wenn wir traurig sind – Leere umgibt uns, Leere durchdringt uns; wenn wir uns ärgern – Leere umgibt uns, Leere durchdringt uns; wenn wir hassen – Leere umgibt uns, Leere durchdringt uns; wenn wir lieben – Leere umgibt uns, Leere durchdringt uns; wenn wir uns freuen – Leere umgibt uns, Leere durchdringt uns; wenn wir Sex haben – Leere umgibt uns, Leere durchdringt uns; wenn wir sterben – Leere umgibt uns, Leere durchdringt uns;

was immer wir tun, wo immer wir sind, was immer ge-schieht – Leere umgibt uns, Leere durchdringt uns!

In welchem Zustand, in welcher Umgebung, in welcher Situation wir uns auch befinden mögen, wir können ALLES dem leeren Raum gegenüberstellen. Es wird uns befreien.

Dies mag uns anfänglich als rein imaginär erscheinen, aber im Laufe der Zeit wird es zur unumstößlichen Wirklichkeit; denn nicht der leere Raum wird sich ver-ändert haben, sondern wir werden der Wirklichkeit nähergekommen sein. Die Leere wird immer und überall allem anderen gegenüberstehen. Leere ist die einzige permanente Wirklichkeit.

***

„Nichtwissen ist die höchste Form des Denkens."
Jeanne de Salzmann[5]

Alles in Allem:
Sich selbst vollständig der Leere übergeben ist
ALLES!

Veerendra H. Bühner

---

[5] Salzmann, Jeanne de: The Reality of Being

Literatur

Bühner, Veerendra H.: Erwachen zum wirklichen Sein : Die Kosmopsychologie des Bewusstseins - Ein Weg aus dem Elend.

Bühner, Veerendra H.: In Würde Wandeln und Sterben : Eine Spirituelle Psychologie des Wandelns und Sterbens.

Gurdjieff, Georg Iwanowitsch: Beelzebubs Erzählungen für seinen Enkel : eine objektiv unparteiische Kritik des Lebens der Menschen. Basel: Sphinx, 1987.

Gurdjieff, Georg Iwanowitsch: Das Leben ist nur dann wirklich, wenn "ich bin". 2. Aufl. Basel: Sphinx, 1987.

Goethe, Johann W von: Faust : der Tragödie erster und zweiter Teil. Leipzig: Reprint-Verlag-Leipzig, 2007.

Hongzhi, Li: Zhuan Falun (Deutsche Version) - Ausgabe 2012-2. : GoodSpirit Verlag, 2015.

Nicoll, Maurice: Living Time. : Eureka, 2000.

Nicoll, Maurice: Psychological Commentaries on the Teaching of Gurdjieff and Ouspensky. New edition. Boston, Mass. [u.a.]: Weiser Books, 1996.

Nietzsche, Friedrich: Also sprach Zarathustra. 4. Aufl.. Frankfurt am Main: Fischer Taschenbuch, 2008.

Osho, Osho: Das Zen-Manifest: Freiheit von sich selbst. Obergriesbach: Inwelt Verlag, 1990.

Osho, Osho: The Fish in the Sea is Not Thirsty. New Delhi: Wisdom Tree, 2008.

Ouspensky, Peter D.: Auf der Suche nach dem Wunderbaren: Perspektiven der Welterfahrung und der Selbsterkenntnis. 12. Aufl.. Berlin: Barth, 1993.

Ouspensky, Peter D.: Psychologie der möglichen Evolution des Menschen. 6. Auflage.. Bad Oldesloe: Neue Erde GmbH, 2008.

Ouspensky, Petr D.: Tertium organum: der dritte Kanon des Denkens: ein Schlüssel zu den Rätseln der Welt.: O. W. Barth [im] Scherz-Verlag, 1988.

Salzmann, Jeanne de: The Reality of Being. 1. Aufl.. : Shambhala Publications, 2011.

Wilhelm, Richard; Jung, Carl Gustav; Wilhelm, Richard: Geheimnis der goldenen Blüte: das Buch von Bewusstsein und Leben. Kreuzlingen, München: H. Hugendubel, 2005.